상위 1%
학생은
이렇게 수학한다!

상위 1% 학생은 이렇게 수학한다!
수학이 즐거워지는 방법이 바로 여기에

초 판 1쇄 2025년 11월 12일

지은이 심재학
펴낸이 류종렬

펴낸곳 미다스북스
본부장 임종익
편집장 이다경, 김가영
디자인 윤가희, 임인영
책임진행 이예나, 김요섭, 안채원, 김은진, 국소리

등록 2001년 3월 21일 제2001-000040호
주소 서울시 마포구 양화로 133 서교타워 711호
전화 02) 322-7802~3
팩스 02) 6007-1845
블로그 http://blog.naver.com/midasbooks
전자주소 midasbooks@hanmail.net
페이스북 https://www.facebook.com/midasbooks425
인스타그램 https://www.instagram.com/midasbooks

ⓒ 심재학, 미다스북스 2025, *Printed in Korea*.

ISBN 979-11-7355-574-9 03370

값 17,000원

※ 파본은 구입하신 서점에서 교환해드립니다.
※ 이 책에 실린 모든 콘텐츠는 미다스북스가 저작권자와의 계약에 따라 발행한 것이므로 인용하시거나 참고하실 경우 반드시 본사의 허락을 받으셔야 합니다.

미다스북스는 다음세대에게 필요한 지혜와 교양을 생각합니다.

- 상위 1%
- 학생은
- 이렇게 수학한다!

수학이 즐거워지는
방법이 바로 여기에

심재학 지음

- "이렇게만 하면 수학 천재가 될 수 있다!"
- **초등학교 수학의 A to Z 톺아보기**

미다스북스

목차

프롤로그   006

Ⅰ. 상위 1%를 위한 초등 수학 입문   011

1. 초등학교에서 놓치면 안 되는 네 가지! ——— 013
2. 에지쁘뜨 ——— 018
3. 수학은 아이디어의 총체 ——— 024
4. 수학은 어려운 과목인가? ——— 029
5. 수학 머리 있다 ——— 036

Ⅱ. 수학이 즐거워지는 방법   041

1. 수 ——— 043

   1) 편리한 수 영 零
   2) 자연수
   3) 분수Ⅰ 전체에서 부분으로
   4) 분수Ⅱ 종류와 계산하기
   5) 소수Ⅰ 소수와 분수는 어떤 관계인가?
   6) 소수Ⅱ 할·푼·리

2. 도형 —————————————————————— 077

    1) 도형 I 이솝 우화 속 도형

    2) 도형 II 도형에서 만나는 기하학

    3) 바빌론인이 찾아낸 각 角 Angle

3. 측정 —————————————————————— 097

    1) 기준을 만드는 길이 Length

    2) 시각과 시간 Time

    3) 공간지능과 무게 mg g kg t

4. 통계와 연산 ————————————————————— 123

    1) 보이지 않는 것을 보이는 것으로, 그래프 Graph

    2) 연산 + − × ÷

Ⅲ. 수학 잘하는 학생이 공부 잘한다   143

1. 도구교과로서 수학 ——————————————————— 145
2. 수학을 이야기하는 이유 ————————————————— 151
3. 답하고 묻기 ————————————————————— 154

에필로그   157

프롤로그 수학이 중요한 이유

첫째, 수학은 우리 생활 곳곳에 있습니다.

여러분이 살고 있는 아파트를 생각해 보세요. 냉장고, 세탁기, 책상 등 가구가 있고, 가구 속에는 생활하면서 사용하는 물건이 채워져 있습니다. 냉장고에는 먹을 음식이 가득 들어 있습니다. 가족이 몇 명인가요? 가끔 친척도 오고 친구들도 놀러 옵니다. 이 모든 것을 무게로 환산하면 얼마나 될까요? 이 무게를 견딜 수 있을 만큼 튼튼하게 지어야 합니다. 그러려면 맞는 굵기의 철근이 몇 개 필요하고, 콘크리트는 얼마만큼 두꺼워야 하는지 계산해야 합니다. 또 강풍이 불 때 건물이 견딜 수 있는 것도 생각하고, 지진으로 땅이 흔들릴 때 버틸 수 있는 강도도 계산합니다. 여름과 겨울 온도차도 있겠지요? 이걸 어떻게 계산할까요? 무슨 과목이 필요하지요?

비행기를 예로 들어볼게요. 하늘을 나는 비행기는 수백 명을 태우고 많은 물건을 싣고 날아오릅니다. 새처럼 날개를 퍼덕이며 난다면 얼마나 좋을까요. 땅을 힘차게 차고 날아오르기 위해서 얼마만큼 속도로 달려야 하는지, 마지막 순간 날개 각도를 어느 정도 움직여 줘야 하고, 연료 소모를 최소화하면서 가장 빠르게 날기 위해서는 어느 높이로 날고, 도착할 도시까지 가는 최단 거리는 얼마인지 계산해야 합니다. 예전에는 항법사라는 직업이 있었어요. 비행경로를 계산해 조종사에게 알려주면 조종사는 이 경로로 비행했습니다. 지금은 내비게이션이 그 일을 대신합니다. 참, 항법사를 영어로 내비게이터라고 합니다.

AI(인공지능)가 생활 곳곳에 들어와 있습니다. 스마트폰으로 맛집 찾기를 합니다. 그 음식점이 왜 맛집인지 어떻게 판단하지요? 사람들이 많이 찾아가서 먹기 때문에 맛집이라고 합니다. 먹고 나서 이 집 음식 맛있어요 좋아요 추천도 눌러 줍니다. ☆표로 나타내기도 합니다. 이제 음식점마다 좋아요, 별표 숫자가 나올 겁니다. 그리고 여러분이 찾은 맛집이 얼마만큼의 거리에 있는지 알려줍니다. 얼마나 많은 계산 절차가 필요한지 이해되나요? 알고리즘이라고 한답니다. 무슨 과목의 도움을 받나요? 수학입니다.

예를 더 들게요. 설날이면 세뱃돈 받지요? 일부러 은행에 가서 빳빳한 돈으로 바꾸는 정성을 들입니다. 예쁜 봉투에 건강, 사랑, 행복 등 덕담을 적어주기도 합니다. 봉투의 두께로 세뱃돈을 가늠하기도 했지요. 빳빳한 1만 원권일 때 그랬습니다. 5만 원권이 나오고 나서는 금액을 예측해 보는 재미가 사라졌습니다. 지금은 어떤가요? 스마트폰으로 '송금하기'를 누르는 할머니, 할아버지, 부모님이 많습니다.

여러분은 용돈을 어떻게 합니까? 은행에 적금하는 사람이 많습니다. 적금할 때 이자율을 따집니다. ○○은행은 3.48%, ○○은행은 3.26% 등. 은행에서 돈을 빌릴 때도 내야 하는 이자가 있습니다. 부모님의 주식 창을 살펴보세요. 숫자가 가득할 것입니다. 다른 창은 그래프가 나오고, 도표도 나옵니다. 금융수학이라고 합니다. 경제 상황을 예측하고 대응할 때도 수학이 필요합니다. 수학은 우리 생활 곳곳에 스며있습니다.

둘째, 변별력을 위해서 수학이 필요합니다.
'사랑이 의무일 수 있는가?'

프랑스 대입 시험 바칼로레아 문제 중 하나입니다. 여러분은 어떤 답을 말하겠나요? 어떤 사람은 식물을 사랑하고 어떤 사람은 강아지를 사랑합니다. 둘 다 사랑하는 사람도 있고 그렇지 않은 사람도 있을 것입니다. 사랑이 의무라면 둘 다 사랑해야 합니다. 반면에 사랑은 선택적인 거라 사랑하지 않을 의무도 있다고 생각하는 사람도 있습니다. 수많은 답이 나옵니다. 반면에 수학은 답이 하나입니다. 명쾌하게 떨어지는 답을 요구합니다. 옳고 그름을 가리는 능력을 변별력이라고 합니다. 사랑 문제는 좋고 나쁨을 가릴 수 없습니다. 하지만 2+3=5라는 답은 하나입니다. 5 이외의 답은 없습니다. 뚜렷한 구분을 해야 할 때 필요한 과목이 수학입니다.

셋째, 가장 중요한 과목 중 하나가 수학입니다.

현실적인 문제와 도구 교과로서의 역할입니다. 대학을 갈 때 내신 점수와 수능 점수에서 수학이 차지하는 비율이 높습니다. 수학 점수를 어떻게 받느냐에 따라 당락이 결정될 정도로 막대한 영향을 미칩니다. 왜 그럴까요? 수학이 그만큼 중요해서 그렇습니다. 세상의 옳고 그름이 무엇인지 탐구하고 판별하는 것을 철학이라고 합니다. 철학은 수학이 주는 명확한 개념과 확실성을 바탕으로 합니다. 당연하게 받아들였던 것을 다시 한번 생각해 보게 하는 지식을 가져다줍니다. 이때 정확한 근거에 의한 의심을 해야 합니다. 근거를 갖기 위해서는 변별하고, 종합하고 분석·비판하는 능력이 필요합니다. 수학은 근거를 제공합니다. 수학은 다른 과목(학문)을 공부하는 데 합리적인 기준을 마련해 주는 과목입니다. 따라서 수학을 잘한다는 것은(점수가 높다) 다른 과목도 잘할 가능성이 높다는 것을 의미하기에 수학의 비중을 높이 합니다. 왜 수학을 열심히 공부해야 하는지, 얼마나 중요한 과목인지 알겠지요?

초등학교 수학은 원리를 이해하고 개념을 알아가는 과정을 배웁니다. 단순 계산 너머의 수학을 만나는 시간이 되기를 바랍니다.

"야생식물이 가지치기가 필요하듯, 타고난 능력도 학습으로 다듬어져야 한다."

– F. 베이컨

Ⅰ.
상위 1%를 위한
초등 수학 입문

"수학이 어렵다고 해서 걱정하지 마세요.
장담컨대, 나는 여러분보다 훨씬 더 수학이 어려웠으니까요."
- 아인슈타인

1

초등학교에서 놓치면
안 되는 네 가지!

초등교육을 풀어 말하면 다음과 같습니다.

'가장 초보적이며 기본적인 교육'

초보적이라는 말에는 '쉬운, 중요하지 않은'이라는 뜻이 내포하고 있습니다. 반면에 기본적인은 '갖춰야 할, 꼭 습득해야 하는 것'을 담고 있습니다. 대부분 사람은 두 가지 인식을 다 갖습니다. 상황에 따라 경중이 다를 수는 있습니다. 초등학생이 있는 가정은 기본적인 교육에 방점을 둘 것입니다. 초등교육은 6년입니다. 그만큼 중요하기 때문에, 기본으로 만들어야 할 것이 많아서 6년의 교육과정을 운영합니다.

초등학교에서 놓치면 안 되는 것을 들라면 100가지도 더 말할 수 있습니다. 그중에서 다음 네 가지를 선정해 설명하겠습니다. 네 요소는 왜 초등교육인가와 관련 있습니다. 교육 이론 중 어떤 심리적 특성이나 행동의 획득이 이루어지는 특정한 시기, 즉, 결정적 시기 이론이 있습니다. 보통 제2 언어 학습에 적용하지만, 다른 영역에도 해당합니다. 6세에서 13세 사이 이루어지는 인지적, 언어적, 사회적 발달이 평생을 좌우한다는 이론입니다. 그 시기가 바로 초등학교 때입니다. 이 시기에 습득하지 못하면 나중에 아무리 보충하고 지속적인 자극을 주어도 채워지지 않는다고 합니다. 이처럼 중요한 초등학교 시기에 습득해야 하는 것이 있습니다.

첫째, 학습 원리를 배워야 합니다.

학교에서 적용하는 교육 방법 중 나선형 교육과정이 있습니다. 이 교육과정은 여러분이 학습할 내용을 반복하면서 점차 심화하도록 설계된 교육 방식입니다. 예를 들어 수학을 1학년 때는 숫자 1부터 100까지의 기본적인 덧셈과 뺄셈을 배웁니다. 4+5=9와 같은 문제를 풉니다. 2학년이 되면 같은 덧셈과 뺄셈을 배우지만 이번에는 두 자리 숫자를 사용해 조금 더 복잡한 문제를 다루게 됩니다. 25+17=42와 같은 문제입니다. 3, 4학년이 되면 세 자릿수와 곱셈, 나눗셈으로 확장됩니다. 이 과정에서 여러분은 동일한 기본 개념을 반복 학습하며 이해의 깊이와 복잡성을 높입니다. 즉, 1학년 과정이 2학년에 중복되고, 2학년 과정이 3학년에도 나옵니다. 학년이 올라가면서 교육 내용의 일정 부분을 반복·심화학습 합니다. 이처럼 학습은 장기적이고 반복적입니다. 기초·기본 학습 즉, 자기주도학습을 익히기 위해서입니다. 초등학교는 자기주도학습, 학습 방법을 학습하는 시기입니다. 이러한 능력은 모든 교과 학습의 기초가 되며, 이후 학습에서 필수적인 역할을 합니다.

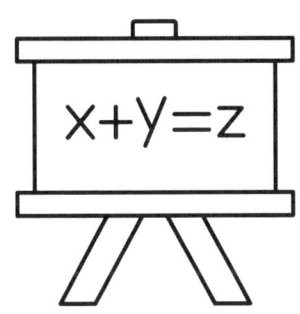

둘째, 이 시기에는 사회성을 배웁니다.

배려하고 도움을 주고받으며 협력과 선의의 경쟁을 배웁니다. 초등학교 때는 질서와 공공의식을 익히는 중요한 시기입니다. 학생들은 수업 시간에 2인 1조, 4인 1조, 6인 1조 모둠학습을 합니다. 주어진 과제를 모둠 인원수만큼 나눕니다. 그리고 역할 분담을 합니다. 이어서 각자 조사해 올 분량을 정합니다. 내가 맡은 부분을 다른 친구는 조사해 오지 않습니다. 오롯이 나에게 의존합니다. 나 역시 마찬가지입니다. 친구가 조사하는 부분은 공부하지 않습니다. 친구가 조사해서 나에게 가르쳐 주기 때문입니다. 친구는 내가 조사한 만큼 알게 되고, 나는 친구가 해 온 만큼 알게 됩니다. 즉, 서로의 학습량만큼 알게 됩니다. 친구와 나는 더 많은 학습을 알려주기 위해 더 많이 공부해야 합니다. 친구를 위할수록 나의 실력이 늘어나는 선순환을 알게 됩니다. 사회적 협력 관계입니다.

셋째, 성장을 위한 고른 영양 섭취도 이 시기에 이루어집니다.

초등학교 시기는 잘 먹고 잘 자고 신나게 뛰어놀아야 합니다. 다양한 신체적 활동도 경험해야 합니다. 시간이 없다는 핑계로, 편하다는 이유로 간편식을 먹고 오는 학생들이 있습니다. 아침을 먹지 않고 등교하기도 합니다. 습관이 되었다고 합니다. 급식 시간에 허겁지겁 먹는 모습을 보면 안타까운 마음이 듭니다.

넷째, 좋은 습관을 만드는 시기입니다.

어떤 행동을 오랫동안 되풀이하는 과정에서 저절로 익혀진 행동을 습관이라고 합니다. 한번 만들어진 습관은 쉽게 고쳐지지 않습니다. 좋은 습관을 만들어 가는 것이 중요합니다. 책 읽는 습관을 만들기 위해서는 독서 시간을 확보해야 합니다. 하루를 규칙적으로 생활하는 습관이 만들어집니다. 독서를 하기 위해 책상에 앉습니다. 바른 자세가 만들어집니다. 책을 읽고 좋은 내용이 있으면 메모합니다. 메모하는 습관이 생깁니다. 메모한 내용은 언젠가 활용합니다. 생각을 구조화하는 습관이 나도 모르게 형성됩니다. 좋은 습관 하나를 만들면 또 다른 좋은 습관들이 생깁니다. 초등학교에서 만들어야 할 습관으로 무엇이 있을까요? 독서하는 습관, 일기 쓰는 습관, 규칙적인 생활을 하는 습관, 봉사하는 습관, 학습하는 습관 등이 있습니다. 참! 다른 사람을 배려하는 것도 습관입니다.

초등학교에서 놓치면 안 되는 요소들입니다.

2.

에지쁘뜨

　존경하는 사람이 있습니다. 거의 무조건적인 존경입니다. 경외심이라는 말이 더 맞겠네요. 어느 낱말을 사용해도 그들을 향한 존경심은 같습니다. 흔한 질투 하나 생기지 않고 존경합니다. 바로 수학 잘하는 사람입니다. 선생님도 학창 시절 나름대로 공부 좀 한다는 자부심이 많았습니다. 월말고사 기말고사는 기다려지는 행사였습니다. 시험 끝나자마자 주변에 몰려든 친구들은 나의 입을 바라보았습니다. 내 말 한마디에 웃고 울었습니다. (지나간 기억이라 약간의 착오와 과장은 있다) 하지만 나도 나름의 고민과 희비가 있었습니다. 바로 수학 때문입니다. 내 수학 시험 결과에 따라 반 석차가 달라졌습니다. 수학을 망친 달은 내가 3등이었습니다. 『표○전과』를 달달 외운 달은 2등으로 올라갔습니다. 가끔 1등도 했습니다. 그런 때는 경식이가 실수했거나 좋아하는 만화에 빠져 잠시 한눈을 팔았을 때입니다. 난 주로 2, 3등을 했습니다. 경식이는 1등을 많이 했습니다. 경식이는 넘사벽이었습니다. 수학 때문입니다. 수학박사였습니다. 신기한 놈이었습니다. 저 답이 어떻게 나왔을까? 저런 문제를 풀어낸다고? 그때부터 수학에 대한 경외심과 두려움이 싹텄을 것입니다. 지금도 수학 잘하는 사람을 보면 같은 감정입니다. 나에게 수학은 넘을 수 없는 산이었습니다. 학년이 올라갈수록 경식이는 넘을 수 없는 산이 되었습니다. 초·중학교 9년을 그렇게 보내고 난 수학과 헤어졌습니다. 요즘 말로 수포자가 되었습니다. 수학박사 경식이는 정말로 '수학박사'가 되었습니다. 지금은 대학에서 학생들을 가르치며 연구에 몰두 중입니다.

수학의 계단에서 한 번 미끄러지면 회복이 어렵습니다. 수학은 외워야 할 공식이 많습니다. 제가 처음부터 수학을 못 한 것은 아닙니다. 초등학교 저학년 때는 언제나 모든 과목 All 100점이었습니다. 4학년이 되면서 조금씩 어려워지더군요. 내적 요인과 외적 이유가 있습니다. 당시 고전 읽기라는 독서대회가 있었습니다. 학교에서 대표 한 명씩 뽑아 독후감 쓰기 대회를 하는 것입니다. 독서 잘하는 학생이라는 이유로 학교 대표로 뽑혔습니다. (반장이어서 대표가 되었을 것이다!) 선생님과 버스를 타고 신작로 길을 달려 군청 소재지 학교로 갔습니다. 원고지 몇 장인가를 주더니 칠판에 문제를 썼습니다. 50년이 지났지만 지금도 기억합니다. 이솝 우화 속 여우와 포도 이야기입니다. 높은 곳에 달린 포도를 따지 못한 여우의 행동에 대한 것을 쓰라는 것입니다. 잠시 망설이다 줄거리를 줄줄 쓰고 나왔습니다. 밖에서 기다리던 선생님이 어떻게 썼냐고 물어보셨습니다. 내 말을 듣는 선생님 얼굴이 갈수록 굳어지는 것을 보면서 계속 말씀드렸습니다. 여우가 실패 원인을 찾지 못하고 합리화했다거나, 다른 전략을 찾지 못하고 정신 승리만 했다는 식으로 썼어야 했는데 말입니다. 대회가 끝나고 선생님은 자장면을 사 주지 않으셨고, 난 아무 상도 받지 못했습니다. 공부도 1등이고 반장인데 아무런 상도 받지 못한 것에 대한 충격이 컸습니다. (자장면 생각은 나지 않았다)

그때부터 도서실에 살다시피 하면서 책을 읽었습니다. 편중된 학습의 시작이었습니다. 수학? 까짓거 외우면 된다는 자만심도 있었습니다. 외우는 학습을 해왔고, 그 방법이 성공했습니다. 3학년이 지나고 4학년이 되면서 수학(그때는 산수였다)은 외워서 되는 과목이 아니었습니다. 심각성을 눈치채지 못하고 여전히 같은 패턴을 유지했습니다. 그렇게 수학을 외우는 과목으로 대할수록 수학 시간이 재미 없어지고 점수가 나오지 않는 악순환에 빠졌습니다. 반면에 국어와 사회는 언제나 만점이었습니다. 학교 다니면서 국어, 사회 틀린 문제에 대한 기억은 없습니다. 한 번 있습니다. 중학교 2학년 때입니다.

스핑크스, 나일강의 나라는?
① 로마　　② 에지쁘뜨　　③ 중국　　④ 노르웨이

답이 없다고 했더니 틀렸답니다. 선생님께 따졌습니다. 세계지도를 펴 놓고 이놈아 여기, 여기 에지쁘뜨 있잖냐. 대나무 뿌리 회초리로 맞으면서 선생님 말씀이 맞다고 했습니다. '그래도 이집트인데요'라고 중얼거리며 교무실을 나왔습니다. 그 선생님은 일본식 발음을 했습니다. 에지쁘뜨가 이집트인 줄 어찌 알았겠습니까?

　외적 요인은 누군가 나의 학습을 수정해 주지 못한 것입니다. 선생님도 부모님도 그 누구도 문제를 인지하지 못하고 그냥 수학에 소질 없는 학생 정도로 인식했습니다. 공부는 한 과목만 잘할 수 없습니다. 당연히 어느 과목을 유별나게 못 할 수도 없습니다. 그러나 나의 수학 학력은 다른 과목에 비하여 현저히 떨어졌습니다. 국어 학습의 중요성을 말할 때는 국어 잘하는 학생이 공부 잘한다고 말합니다. 수학 시간에는 수학을 잘해야 한다고 말합니다. 둘 다 맞습니다. 공부 잘하는 학생들은 국어도 잘하고 수학도 잘합니다. 즉, 국어를 잘하면 수학을 잘할 수밖에 없습니다. 수학을 잘하면 다른 과목도 잘합니다. 두 과목이 도구교과이기 때문입니다.

'수학 공부를 중시하는 것은 사고력을 키우는 것이 주요 목적이라 할 수 있다. 학생들은 수학 공부를 통해 좋은 학습 태도를 기를 수 있다. 수학을 잘하는 학생들이 다른 과목도 잘하는 이유는 (그들의 머리보다는) 그들이 수학 공부를 통해 얻은 학습 태도일 가능성이 높다.'

– [송용진의 수학 인문학 산책] 수학공부와 작업기억, 〈경향신문〉, 2024. 5. 28.

3.

수학은 아이디어의 총체

 수학에 관한 생각을 농촌 소재 학교 마흔 명, 도시 소재 학교 서른 명의 1~6학년 초등학생에게 물었습니다. 대체로 다음과 같이 대답합니다.
 '수학은 나의 미래다. 좋을 때도 있고 싫을 때도 있다. 지루하다. 반복이다. 숫자다. 어렵다고 생각하면 어렵고 쉽다고 생각하면 쉬운 과목이다. 힘들다. 너무 싫다. 난 수학하고 안 맞다.'

 '수학과는 수학의 개념, 원리, 법칙을 이해하고 주변의 여러 가지 현상을 수학적으로 관찰하고 해석하며 논리적으로 사고하고 합리적으로 문제를 해결하는 능력과 태도를 기르는 교과이다.(왜 이렇게 길~~게 설명하는지 모르겠다!) 수학은 오랜 역사를 통해 인류 문명 발전의 원동력이 되어 왔으며, 세계화 · 정보화가 가속화되는 미래 사회의 구성원이 지녀야 할 역량을 기르는 데 필수적이다. 초등학교와 중학교에서 학습한 수학은 기본적인 삶을 영위하고 일상생활을 포함한 다양한 맥락의 문제를 해결하는 데 도움이 되고, 고등학교 수학뿐만 아니라 여러 교과 학습의 토대가 된다. 수학 학습은 자연과학, 공학, 의학뿐만 아니라 사회과학, 예술 및 체육 분야 등 다양한 분야의 직업에서 요구하는 수리 소양을 형성하는 데 기초가 되며, 나아가 미래 사회를 주도할 창의성을 갖춘 사람으로 성장할 수 있는 기반을 제공한다. 학생들은 수학 학습을 통해 수학 지식을 이해하고 수학적 사고 과정과 기능을 형성하며 수학의 가치를 인식하고 바람직한 수학적 태도를 갖추어 수학 교과 역량을 함양할 수 있다. 또한 수학을 학습하는 과정에서 협력하여 문제를 해결하고 성찰하는 경험을 통해 다른 사람에 대한 포용성을 갖춘 민주 시민이자 인간과 환경의 공존 및 지속 가능한 발전을 추구하는 세계 공동체의 일원으로 성장할 수 있다.'

― 『초등학교 교사용 지도서』, 교육부, p.21

수학에 대한 이보다 더 효과 좋은 처방이 있을까요? 만병을 고칠 수 있습니다. (윗글에 의하면) 나라를 구하고 우주를 구하는 과목이 수학입니다. 삶이 팍팍하거든 수학을 공부하면 됩니다. 모든 것이 해결됩니다. 한 방에!

그런 수학이 어렵다고 힘들다고, 심지어 싫다고 합니다. 도대체 왜? 무엇 때문에? 학생이 문제인가요? 가르치는 교사가, 교육과정이 문제나요?

학생들 말을 들어보면 수학이 어렵다고 합니다. 그들의 말 맞습니다. 수학은 어려운 과목입니다. 엉덩이가 무거워야 하고(성실), 파고드는 집요함(집념)도 있어야 하고, 무엇보다 시간 투자(노력)가 필요한 과목입니다. 개인과 국가, 세계를 구할 지식이 쉽게 습득될 수 없습니다.

초등학교 교사용 지도서에 수학 교육의 필요성을 다음과 같이 역설합니다.

가. 수학의 실용적 가치

수학 교과는 학생 개개인이 사고하는 것을 배우는 데 도움을 줄 뿐만 아니라, 그 사고에 대한 책임을 지도록 도와줍니다. 어린 학생들조차도 문제를 풀고 그 풀이가 맞았는지를 확인할 수 있는 과목이 수학 교과입니다.

이러한 교과의 특징은 개인이 자신의 사고와 행동에 대해 스스로 책임을 지도록 훈련한다는 점에 주목할 수 있습니다. 이렇게 훈련된 학생들은 장차 자신이 살아갈 사회의 구성원으로서 자신의 권리를 적극적으로 지켜내는 데 큰 역할을 합니다.

나. 수학의 문화적 가치

수학은 인류가 오랜 역사에 걸쳐 지속해서 발전하고 누적시켜 온 정신적 문화의 정수라고 할 수 있습니다. 우리는 학교에서 수학을 가르치고 배움으로써 다른 교과의 경우와 마찬가지로 인류가 남긴 문화적, 학문적 유산을 계승하여 활용 발전시키는 일에 참여하는 셈이 됩니다. 정치, 경제, 사회 등 각 분야의 움직임을 이해하는 데는 물론, 현대적 예술을 이해하는 데에도 수학적 소양(mathematical literacy)이 필요합니다.

다. 수학의 도야적 가치

학생들은 수학을 학습함으로써 일반적인 정신 기능이나 사고 능력의 향상을 경험하게 됩니다. 즉, 수학은 수학을 학습하는 학생들에게 논리적으로 추론하는 정신력을 훈련하는 소재가 될 수 있으며, 엄밀성, 간결성, 논리성, 일반성이 포함된 수학적 추론 과정을 통해 학생들의 사고 능력이 향상

됩니다. 또한 수학적 활동은 집약적이고 밀도 높은 지적 사고 활동이므로 수학 학습을 통하여 학생들은 일반적 정신 집중 능력을 높일 수 있습니다.

라. 수학의 심미적 가치

화가들의 그림이나 음악가들의 리듬, 체육인들의 아름다운 율동, 시인들의 간결한 문장 표현 등의 미적 창조물은 수학을 바탕으로 내적 조화를 이루는 아이디어의 총체입니다. 우리가 음악이나 미술품을 감상할 때 구체적인 용어로 적절하게 표현하기 어려우나 아름다움을 느끼듯이 수학을 하는 그 자체에서 심적인 만족감과 아름다움을 느낄 수 있습니다.

이 글을 읽고도 수학을 소홀히 할 수 있나요? 어렵다고, 나하고 맞지 않는다고 포기할 용기가 있나요?

4.

수학은 어려운 과목인가?

'과학자로서 자질이 있다. 부모의 자질을 물려받았다. 지도자 자질이 보인다. 운동선수 소질이 있다. 조각에, 과학에, 수학에 소질이 있습니다. 소질을 계발하다.'

자질(資質)

① 타고난 성품이나 소질

② 어떤 분야의 일에 대한 능력이나 실력의 정도

소질(素質)

① 본디부터 가지고 있는 성질 또는 타고난 능력이나 기질

② 육체적 · 정신적 기능이나 상태 따위의 본능적 · 선천적 경향 또는 그러한

태도

자질의 하위 개념이 소질입니다. 소질은 능력보다는 기능적 의미가 강합니다. 수학에 소질이 있다고 말합니다. 즉, 수학적 소질을 계발하면 잘할 수 있다는 뜻에서 낱말 구분을 하고 들어갑니다. 수학은 '하면 된다'보다 어려운 과목이기 때문에 타고난 소질을 계발해야 합니다.

가. 수학은 어려운 과목 맞다

체육 시간에는 발 가는 대로 공 쫓아가 차면 됩니다. (드리블 기술을 말하는 것 아니다) 몸이 뛰는 대로 줄넘기할 수도 있습니다. 음악 시간엔 따라 부르며 노래합니다. 음악에 맞춰 흔들면 무용입니다. (폄훼하는 것 아님 알 것이다) 국어 시간 옹알이부터 시작한 말 덕분에 저절로(?) 말하고 쓸 수 있습니다. (이해를 돕기 위해, 수학이 어렵다는 것을 강조하기 위해 이러한 예를 든다. 국어 시간에는 국어가 최고라고 말한다. 음악이 체육이 미술이 가장 중요한 과목이라고 말한다) 하지만… 수학은 아닙니다. 절로 되는 과목이 아닙니다. 가르고 모으고 셈해야 합니다. 알아야 합과 차를 구합니다. 공식이 있습니다. 외워서 적용하는 공식이 있습니다. 무슨 말이냐면 수학은 추상적 사고 과정이 필요합니다. 즉, 배움의 과정이 있어야 합니다. 실패와 성공이 점철되는 과정을 경험해야 합니다. 실패를 극복하고 성공에서 성취감을 느낀다면 성공입니다. 하지만 성공 확률이 높지 않습니다. 즉, 틀린 문제를 많이 겪는다는 것입니다. 그 결과 좌절을 경험하는 횟수가 늘어나면서 '어렵다'라는 인식을 갖게 됩니다.

나. 수학은 연계다

덧셈과 뺄셈(『수학 3-1』)

어항 속에 빨간색 물고기가 316마리, 검은색 물고기가 182마리 있습니다. 물고기는 모두 몇 마리인가요?

1학년 때 한 자릿수 계산을 배웁니다. 6+2=8

2학년 때 두 자릿수 계산을 배웁니다. 16+82=98

3학년 때 세 자릿수 계산을 배웁니다. 세 자릿수 계산은 단계가 있습니다. 먼저 어림을 익힙니다. 어림으로 316은 300, 182는 200이 나옵니다. 즉, 어림 500입니다. 한 자릿수에서 8, 두 자릿수에서 98(90), 세 자릿수에서 498(400)을 세로 셈으로 계산합니다. 이렇게 학년이 올라갈수록 달팽이 껍데기처럼, 둥근 계단처럼(나선형 교육과정) 수의 범위와 계산의 폭이 넓어집니다. 이 과정에서 어느 단계가 허술할 때, 완벽하게 익히지 못하고(내 학습으로 만들지 못하고) 학년이 올라갈 때, 덧셈·뺄셈도 완벽하게 계산하지 못하면서 분수, 소수의 계산을 한다는 것은 어렵습니다. 그때부터 학생들에게 '수학 싫어요'로 시작해서 연필을 굴린다거나 먼 산을 바라보는 등 이상한 행동이 나타납니다. 5, 6학년 때 비례식과 도형이 나오면 거의 실신까지 갑니다. 수학은 학년, 단원별 연계성이 높은 과목입니다. 그러지 않은 과목이 없지만 특히 수학은 더 강합니다. (성장도 마찬가지다. 청소년기를 잘 보내야 다음 시기도 수월하다) 앞 단원 학습이 부족할 때 다음 단원은 어렵습니다. 쉬운 것을 대충 하고 싶은 것은 인지상정입니다. 학생들도 그렇습니다. 13+15, 21+16, 37+68… 몇 날 며칠 붙잡고 있으면 지루해집니다. 아는 것 같습니다. 실제로 압니다. 그렇다면 다음 단계로 Go~ 그렇게 진도 막 나가다 보면 어느 순간 어? 뭐지? 다시 복습? 복습 성공률 낮습니다. 진도 나가기 바쁜데 지난 학년 걸 언제까지 하고 있나요? 이 과정이, 연계를 소홀히 한 결과가 쌓이고 쌓이면 수학을 포기합니다. 지금 단계를 충분히, 성실히 하라는 말을 이렇게 길게 합니다.

다. 암기만으로 되지 않는다

수학은 벼락치기로 해결할 수 있는 과목이 아닙니다. 밑줄 쫙 그어가며 외워서 되지 않습니다. 앞 단계를 이해하지 못했는데 공식을 암기했다고 문제 바로 풀리지 않습니다. 개념을 이해해야 합니다. 직육면체의 부피가 왜 '가로×세로×높이' 인지 설명할 수 있어야 합니다. 그래야 부피를 알고 있는 상태에서 겉넓이를 구하는 문제를 해결합니다. 즉, 개념을 이해하는 사고력이 있어야 합니다. 공식을 외우는 것, 반복 학습이 전두엽 발달을 촉진하는 훌륭한 학습 과정인데 외우는 게 어렵다고 소홀히 하면 대가 큽니다. 수학 어려운 과목 맞습니다.

라. 수학은 자신감이다

수학에 어려움을 갖는 학생들의 공통점이 있습니다. 자신감이 약하다는 것입니다. 수학 문제 해결에 성공한 경험이 적기 때문에, 갈수록 실패만 늘어가는 경험 때문에 자신감이 떨어집니다. 이 학생들에게 무엇이 먼저일까요? 성공 경험을 갖게 하는 것입니다. '나도 할 수 있어', '되네?' 하는 것처럼 말입니다. 수학 별거 아니네까지는 아니어도 숫자 어지럼증을 극복했다는 것만 해도 성공입니다. 학습 심리 상담을 통한 자신감 회복, 개인별 맞춤 학습에 의한 자기 주도 학습력 향상을 기하는 것입니다. 교실에서 보는 좋은 방법은 1:1 수업입니다. 여느 과목이나 마찬가지지만 특히 수학은 단계가 중요합니다. 단계를 건너뛰거나 놓친 학생들은 다시 보충하기 쉽지 않습니다. 뒤떨어진 부분을 메꾸려면 노력이 필요합니다. 더불어 왜 학습 부진이 일어났는지 정확한 진단에 의한 다양한 학습 방법을 제공해야 합니다. 여러 가지 교구가 동원되기도 합니다만 자칫 조작 자체에 매몰되면 어렴풋이 아는 것 같고, 알 것도 같은 착각에 빠집니다. 수단에 함몰되면 목적을 잃기도 합니다. 늘어난 학습량과 더 많이 요구되는 노력으로 많은 학생들이 힘들어하고 얼마 못 가 포기합니다. 이 시기를 잘 넘기면 성공합니다. 작지만 성공한 경험이 쌓이면 자신감이 생깁니다.

5.

수학 머리 있다

 문과 체질이다, 이과 체질이다라고 말합니다. 문과 두뇌가 있고 이과 두뇌가 있다고 합니다. 맞습니다. 문과를 잘하는 학생이 있고, 이과에 두각을 나타내는 학생이 있습니다. 수학은 어려운 과목인가에서 문과와 이과는 기능의 차이라고 했습니다. 하는 구실이나 작용하는 힘을 기능이라고 했을 때, 국어에 작용하는 힘이 더 크기에 국어를 잘하는 것입니다. 마찬가지로, 수학을 쉽고 정확하게 하는 재능이 많기에 수학을 잘하는 것입니다. 따라서 수학을 잘하려면 수학 기능을 기르면 됩니다.

 기능은 각자 다릅니다. 생각이나 느낌을 언어로 표현하는 사람, 그림이나 음으로 표현하는 사람, 글로, 숫자로, 신체로 표현하는 사람 등 각자 다릅니다. 언어적 표현력이 좋은 사람은 어휘력에 소질이 있습니다. 음감이 높은 사람은 리듬으로 쉽게 표현합니다. 수학은 숫자 감이 높은 사람입니다. 수학을 논리적 학문이라고 합니다. 이 세상 모든 것은 질서가 있습니다. 그냥 있는 것이 아니라 정연하게 구성되어 있습니다. 숲의 나무가 그냥 자라는 것처럼 보이지만 나름의 규칙이 있습니다. 침엽수와 활엽수가 자라는 장소가 다르고, 설령 섞여 있더라도 나름의 질서가 있습니다. 강가의 돌, 공기의 흐름 모든 것이 그렇습니다. 질서정연한 것을 어떤 사람은 시로, 어떤 사람은 소리, 몸짓으로 표현합니다. 수학은 수(기호)로 표현합니다.

교과서에 나와 있는 그림을 보며 노랑 자동차, 바퀴가 여덟 개 달린 자동차, 경주용 자동차가 달린다고 표현하는 학생이 있고, 다섯 대의 자동차가 시속 80km의 속도로 달린다고 표현하는 학생이 있습니다. 예쁜 꽃이 피었다고 말하는 학생이 있고, 빨강 꽃 세 송이는 10cm 높이로 12cm 간격을 두고 피었다. 노랑꽃 두 송이가 가로 세로 30cm×80cm 화단 안에 60cm 높이로 피었다고 말하는 학생이 있습니다.(고 생각해 보세요) 문장에 숫자를 넣어 말하는 학생은 숫자로 말하는 경험이 있거나, 세어 보는 경험을 했다고 생각합니다. 물론 타고난 성향도 무시할 수 없습니다. 경험과 성향에 더하여 환경적 요인이 숫자 감각을 늘려 주기도 합니다. 수학 기능은 훈련하기 나름입니다. 독서를 많이 하자보다 30페이지를 읽겠다, 용돈을 풍족하게 받는다보다 일주일에 3천 원을 받는다고 구체적으로 표현하는 훈련 말입니다.

　위에서 화단에 피어있는 꽃은 빨강 세 송이+노랑 두 송이=다섯 송입니다. 이를 3+2=5라는 식으로 나타냅니다. 노랑 자동차 세 대+빨강 자동차 두 대=자동차 다섯 대. 흰 바둑돌 세 개+검은 바둑돌 두 개=바둑돌 다섯 개. 남자 세 사람+여자 두 사람=다섯 사람 등 모두 3+2=5로 나타낼 수 있습니다. 이처럼 물건(사물)은 쉽게 계산할 수 있습니다. 이해도 쉽습니다. 이를 숫자로 바꿔 주는 과정이 어렵습니다. 왜 그럴까요? 숫자로 바꾸면 단순·간결해서 쉬운데 말입니다.

　글을 기호화하기 위해서는 몇 개의 단계를 거칩니다. 먼저 글을 빨강 꽃 세 개/노랑 꽃 두 개/모두/다섯 개로 나누어야 합니다. 다음에 기호(숫자)화할 수 있는 글을 찾아 수치화합니다. 세 개는 3, 두 개는 2, 다섯은 5로 표기합니다. '모두'라는 말은 등호 =로 표기합니다. 이렇게 나온 숫자를 정렬하여 3+2=5로 기호화합니다. (문장제를 식으로 나타낼 때도 이렇게 한

다) 즉, 추론하고 결론을 끌어내는 과정에서 부하가 걸립니다. 생각하는 걸 좋아하는 사람이 드문(?) 것처럼 학생들도 그렇습니다.

다시 기능 이야기입니다. 기능은 만들어진다고 했습니다. 좋은(성취감을 느낀) 경험으로 만들어진 기능은 좋은 결과를 가져옵니다. 재미있는데 게을리할 이유가 없습니다. (게임을 생각해 보라) 더 하고 싶습니다. 수학 공부하는 시간이 즐거운데 수학 점수 안 나올 리 없겠지요? 수학 싫을 수 없습니다. 수학 머리(두뇌)가 저절로 만들어집니다. 선행학습 한다고 무조건 문제집 안기고 반복 학습 강조하다 수학에서 멀어지게 하는 경험을 만들어 주면 안 됩니다. 이런 예도 있지 않을까요? 자녀가 둘 있고 아버지는 문과 성향, 어머니는 이과 성향입니다. 첫째는 아버지와 친해서 많은 시간을 함께하다 보니 문과 머리가 되었고, 둘째는 어머니와 보낸 시간이 많고 자애로운 엄마와 머리 맞대고 공부한 결과 수학 머리가 되었습니다. 수학 머리는 (부모, 나)하기 나름입니다.

Ⅱ.
수학이
즐거워지는 방법

"많은 새가 수에 대한 감각이 있다.
알이 네 개 있는 둥지에서 한 개의 알을 집어내면 새는 반응이 없지만,
두 개의 알을 꺼내면 새는 둥지를 떠나버린다.
우리는 새가 어떻게 세 개와 두 개를 구별할 수 있는지 알지 못한다."
- 토비아스 단치히

1. 수

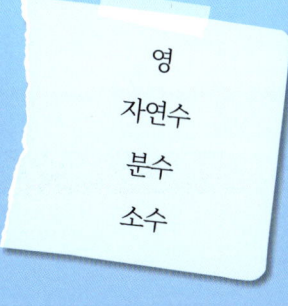

영
자연수
분수
소수

1) 편리한 수 영 零

- 아무것도 없음.

- 빈자리를 나타내는 수.

- 0으로 표기함.

- 영이라 읽는다.

자연수, 정수, 분수, 소수, 유리수, 무리수, 실수, 허수, 상수, 미지수, $\sqrt[3]{}$, Σ, $\int$ …

그리고 숫자 0이 있습니다. 수학에서 만나는 수의 종류입니다. 수를 보는 순간 반가운 사람도 있고, 벌써부터 머리가 지끈거리는 사람도 있을 것입니다. 지금부터 수에 관해 탐구해 보겠습니다.

가. 수학에서 0의 위치

초등학교에서 정수와 유리수를 배웁니다. 정수는 자연수(1, 2, 3…양의 정수), 0, 음의 정수(-1, -2, -3…)로 나눕니다. 즉, 0은 양수와 음수의 중간에 있습니다. 중간, 가운데, 중앙… 여기에서부터 '내 맘대로' 철학이 시작되고 이야기가 다른 데로(수학 시간에 사회 이야기 등) 흘러가는 경우가 많습니다. 난 이런 애매한(?) 이야기가 좋습니다. 그래서 수학도 숫자보다 글자로 풀어냅니다. 이것을 이해 못 하는 사람이 많습니다. 소질 때문입니다. 다시 수학 이야기입니다. 정수 외에 분수, 루트 등으로 나타낼 수 있는 수를 유리수, 무리수라고 하는데, 이 부분에 대한 설명은 다음에 합니다.

나. 늦게 등장했지만, 존재감이 뚜렷한 수 0

'보통 수를 셀 때 0, 1, 2, 3, 4, 5…로 시작합니다. 0부터 시작합니다. 하지만 0은 1, 2, 3, 4, 5…즉, 자연수보다 훨씬(?) 뒤에 만들어졌습니다. 5~6세기쯤이라고 합니다. 많은 학자가 0은 중국과 인도 문명의 결합으로 생겨났다고 합니다. 철학이 발달한 지역에서 생겨난 덕분에 0은 비어 있음의 심오함으로 인용되기도 합니다. 숫자 0에 대한 이야기는 다음의 책 내용을 인용합니다.

'중국에는 태허라는 개념이 있습니다. 아무것도 없는 상태를 그냥 공허한 텅 빈 상태로 보지 않고 모든 것이 태동하는 상태로 여겼습니다. 어려운 표현을 빌리면 '존재와 무'가 공존하는 출발점이라고 할 수 있습니다. 또한 인도에서는 공(空 sunyata) 사상이 고도로 발달했습니다. '아무것도 없다'에서 '아무것도 아닌 것이 있다'로 바뀌는 인도의 공개념은…'

– 『오일러가 들려주는 수의 역사 이야기』, 오채환, ㈜자음과 모음, 2008

다. 0의 계산

모든 수에 0을 곱하면 0이 됩니다. 모든 수에 0을 더하면 그 자신의 수가 됩니다. 모든 수에서 0을 빼도 그 자신의 수가 됩니다. 모든 수를 0으로 나누면? 이건 계산이 안 됩니다. 예를 들어봅니다. 수학에서 나눗셈이 맞는지 이렇게 검산합니다.

- $10 \div 5 = 2$
  → $5 \times 2 = 10$ 맞다!

- $17 \div 3 = 5 \cdots 2$
  → $3 \times 5 + 2 = 17$ 맞다!

- $10 \div 0 = \square$
  → $0 \times \square = 10$이 되어야 합니다. 하지만 현실(정답)은 0입니다.

- $0 \div 10 = \square$
  → $10 \times \square = 0$이어야 합니다. 하지만 현실(정답)은 0 아닌 수입니다.

즉, 0으로 나누면 계산을 할 수 없거나(불능) 답을 정할 수 없는(무수히 많은, 부정) 상태가 됩니다.

『대망』이라는 소설에서 노부나가가 히사히데에게 이런 말을 합니다.
 '때로는 독약도 약이 되는 것일세. 그대는 얻기 어려운 독약이니 그대로 놔두는 거야.'

0은 곱셈에서 모든 수의 독약입니다. 0이 심술을 부리면 계산이 복잡해집니다.

라. 계산할 때 편리한 수 0

산더미만큼 쌓인 오이를 상자에 담아야 합니다. 한 상자에 50개씩 들어갑니다. 하나, 둘, 셋, 넷…서른셋? 넷? 이런 경우가 있을 것입니다. 초등학교 1학년 2학기 1단원인 '100까지의 수'의 2차시 '60, 70, 80, 90'을 알아볼까요? 학생들에게 큰 더미를 셀 때 10개씩 묶어 세게 하는 학습은 다음과 같은 문제를 해결하는 데 좋습니다.

첫째, 센 것을 잊어버렸을 때 확인이 쉽다.

둘째, 묶기 활동을 통해 미지의 수량을 해석 가능한 형태로 조작하는 방법을 안다.

셋째, 10개씩 묶는 과정은 자릿값의 기초가 됨을 이해한다.

-『초등학교 1~2학년 수학 교사용 지도서』 p.p 151, 교육부, 2024

10씩 묶고 100씩 묶고 1000씩 묶는다면 다루지 못할 수가 없습니다.

0을 알아볼까요?(『수학 1-1』)

빈 통을 보며,

'어떻게 나타내면 좋을지 이야기해 봅시다.'

'비었다고 말합니다.'

'아무것도 없어요.'

'빵이에요.'

꽝이라고 하는 학생도 있습니다. 그러면서 셋, 둘, 하나(하나 털어 내기 놀이) 그다음은 아무것도 없네요?

'아무것도 없는 것을 0이라 쓰고 영이라고 읽습니다.'

인생 첫 수학 공식입니다.

'수학적 사고가 무엇인지 물어보면 나름대로 답을 해 왔지만, 정확히 이야기하기는 어려워요. 문학이나 철학도 전통과 경험 그리고 사례를 통해 파악해 가고 있잖아요. 다만 수학의 경우에는 보편적인 과학이라고 생각해도 됩니다. 그런 점에서 수학적인 사고란 '일상적인 지식을 더욱 정확하고 논리적으로 만드는 체계를 구축하는 과정'이라고 할 수 있어요. 어떤 상황에서 핵심 개념을 추출하고 이를 보편적인 사고를 통해 정밀하게 다듬는 것입니다.'

- 『수학과 세상을 연결하는 수학자의 글쓰기』, 김민형 영국 에든버러대학교 석좌 교수, 2025.2

2) 자연수

자연수 自然數

- 1에서 시작하여 1씩 커지는 수
- 가장 작은 자연수는 1
- 가장 큰 자연수는 알 수 없다.

앙증맞은 두 발로 걸음마를 배우는 아기의 발은 사랑 그 자체입니다. 잔뜩 오므린 발가락에 힘이 있는 대로 들어가고, 붙잡아주는 엄마를 바라보는 두 눈이 부릅떠 있습니다. 아기는 엄마의 호흡에 맞춰 걸음마를 시작합니다. 하나~ 둘~ 셋~ 넷. 옳지 잘하네. 흔들흔들 뒤뚱뒤뚱 금방이라도 주저앉고 싶은 엉덩이를 추스르며 한 걸음 두 걸음 디뎌 갑니다. 우리 아기 잘했어~ 한 번 더 해 볼까? 하나~ 둘~ 셋~ 넷~ 발걸음을 떼기도 전에 자연수를 배웁니다.

1, 2, 3, 4, 5를 알아볼까요?(『수학 1-1』, p.p 16)

이거? 걸음마 떼기도 전에 배운 거다! 어? 엄마랑 다르네? 엄마는 하나, 둘, 셋, 넷, 다섯만 했는데 일, 이, 삼, 사, 오라고도 하고, 1, 2, 3, 4, 5라고 써야 하네? 곧이어 6, 7, 8, 9까지 달려본다. 그러면서 1씩 커지거나 작아지는 것도 익히고, 내친김에 '1만큼 큰 수와 1만큼 작은 수'(p.p 28)라는 고급스러운 학술 용어도 배웁니다. 그다음에 50, 100까지 배우냐고? 아닙니다. 0입니다. 그래야 9 다음에 9-1, 9-2, 9-3… 9-11, 9-12, 9-13… 9-111, 9-112, 9-113…이 아니라 10이라는 마법의 숫자로 해결됨을 압니다.

자연수는 한꺼번에 서너 단계를 뛰어오르거나 몇 층씩 추락하지 않습니다. 철저하게 1씩 움직입니다. 6 다음이 7임을 알고, 480 앞자리는 479여야 합니다. 예측할 수 있습니다. 예측 가능함은 안정감을 줍니다. 생활에서 충분한 만족과 기쁨을 느끼어 흐뭇함, 또는 그러한 상태를 행복이라 할 때, 행복의 기본 조건이 안정 아닐까요? 아니라고 하는 사람의 의견도 존중합니다. 자연수는 자연스럽습니다. 또 하나, 자연수는 시작은 알되 끝은 없습니다.

3) 분수Ⅰ 전체에서 부분으로

분수를 지키는 삶

분수를 아는 사람

분수를 알아야지?

맞습니다. 그 분수입니다.

분수를 모르고 날뛰는 사람 있습니다. 꼴불견입니다. 에너지가 많은 건지, 주제 파악이 안 된 건지 모르지만…. 분수를 알았으면 하는 사람 많습니다. 이런 사람 틀림없이 초등학교 수학 시간에 분수 단원 들어갈 때 집중 안 하고 딴짓해서 '분수'를 배우지 못해서 '분수'를 모르는 걸 겁니다. 분수는 전체에 대한 부분을 나타내는 수입니다. 전체에서 차지하는 부분, 즉, 공간을 수치화하는 방법이 분수입니다. 그래서 수학에서 분수는 수적

관념을 확장하는 중요한 단원입니다.

분수와 소수(『수학 3-1』)

T: ◐ 색칠한 부분은 전체의 얼마만큼인지 알맞은 숫자로 말해볼까요? (대뜸 이렇게 물어보지 않는다. 얼마만큼 색칠되었지? 뭐 이 정도로 묻는다)

S: (대부분 학생) 절반이요.

T: 또?

S: 반이에요.

T: 또?

S: $\frac{1}{2}$ 입니다. (선행 학습했다!)

T: 또?

S: (수옥이) 두 조각 중 하나입니다. (멋지다)

T: 좋아요. 수옥이 굿! 원더풀(눈깔 튀어나오는 제스처도 해준다) 대단해. 어떻게 그런 멋진 답을 할 수 있지?

(여기서 말꼬리 붙잡고 발문 시작이다)

T: 두 조각 중 하나라고 했지요? 똑같이 2로 나눈 것 중 하나라고 했지요? 그러면 색칠한 부분을 숫자로 하면 얼마게?

Sn: 1이요!!!

수 개념의 확장입니다. 1, 2, 3, 4, 5…'자연스럽게' 1씩 증가하는 자연수에서 $\frac{1}{2}$이라는 숫자를 알게 되었습니다. 드디어 수의 세계에 두 발 들어섰습니다. 분수를 처음 배울 때 '전체'라는 낱말을 자주 사용합니다.

- 전체를 똑같이 몇 부분으로
- 전체를 똑같이
- 부분은 전체의 얼마만큼인지

이러니 분수를 제대로 배운 사람은 분수를 지키는 삶을 살 수밖에요.

4) 분수Ⅱ 종류와 계산하기

　살다 보면 깨달아지는 것이 있습니다. 그중 하나가 단순하면 행복하다는 것입니다. 예전, 그러니까 스틱 변속기가 달린 자동차를 운전할 때입니다. 손잡이를 돌려서 창문을 올리고 내리던 감성이 있었습니다. 가다가 멈추면(퍼진다고 표현했답니다) 몽키스패너 하나로 고쳤습니다. 믿지 못하겠다고요? 불과 30년 전 이야기입니다. 연료 채워주면 달리고, 냉각수 부족하면 보충해 주면 해결되었습니다. 공업사(나중에 카센터라고 이름이 바뀐다) 가기 전에 살아났습니다.

　살다 보니 단순한 것이 꼭 행복한 것만은 아님도 알게 되었습니다. 뭐랄까. 찾아가는 재미? 곧게 뻗은 고속도로보다 구불구불 산길 돌아가는 즐거움. 수학을 할 때 느끼는 감정이 이렇습니다. 좀 더 쉬운, 간단명료한 무엇이 없을까 하다 공책 두 바닥째 풀어 가는, (나중에 고등학교 때입니다)

구불구불 미로를 헤매다 길을 찾은 쾌감을 가끔 느낍니다. 가끔….

오늘도 수학의 즐거움을 말하고자 합니다. 물론 "수학이 즐겁다고?!!"라고 마구 소리치며 덤벼들 사람 많다는 것도 압니다. 하지만 '사실'이 그런 걸 어떡합니까.

용어 정의가 곧 분수의 종류이기에 용어 정리를 하겠습니다.

진분수 眞分數

말 그대로입니다. 진짜 분수, $\frac{1}{3}, \frac{2}{5}, \frac{8}{15}$처럼 분자가 분모보다 작은 분수입니다. 분모, 분자를 설명할 때 이렇게 비유하곤 했습니다.

'부모님은 너희들을 업어 키우시잖니. 그래서 아래 있는 수를 분모, 위에 있는 수는 분자라고 해. 부모가 커야 업을 수 있지? 분모가 크고 분자가 작은 분수를 진분수라고 한단다. 알았지?'

대부분 이해합니다. 이해했으면 실전 문제!

가. 분모가 2인 진분수는 몇 개?

($\frac{1}{2}$) 한 개다.

분모가 3인 진분수는?

($\frac{1}{3}, \frac{2}{3}$) 두 개다.

분모가 4인 진분수는?

($\frac{1}{4}, \frac{2}{4}, \frac{3}{4}$) 세 개다.

분모가 280인 진분수는?

($\frac{1}{280}, \frac{2}{280} \cdots$, 맞다) 279개다.

(약분하지 않은 조건으로)

나. 분모가 같은 진분수 덧셈

$\frac{1}{5} + \frac{3}{5} = \frac{4}{5}$

$\frac{3}{5} + \frac{4}{5} = \frac{7}{5}$ 이걸 가분수라고 하는데 $1 + \frac{2}{5}$로 쓸 수 있지요? 또 $\frac{5}{5} + \frac{2}{5}$로 쓸 수도 있어요. 왜 이렇게 하냐고요? 이제부터는 약분에 대한 영역인데 여기는 아직 건들면 안 돼요. 내년에 배웁시다. 응? 조금만 알고 싶다고?

음~ 분모와 분자가 같을 때는 그 수로 나누는 겁니다. 봐봐요. $\frac{5}{5}$니까 5로 나누면 $\frac{1}{1}$이 되네요? 피자 한 판을 한 조각으로 만들어 한 사람이 먹어요. 즉 하나를 다 먹는 겁니다. 하나? 1이에요. 분모, 분자가 같은 분수는 1이 됩니다. 따라서 $\frac{5}{5}+\frac{2}{5}$는 $1\frac{2}{5}$. 이걸 한자 대자를 써서 대분수라고 합니다. 허리띠처럼 앞에 있잖아요. (대분수도 설명 끝!)

다. 가분수

거짓 가 假를 씁니다. 왜 그럴까요? 또 피자를 예로 들겠습니다. 여기 맛있는 피자가 있습니다. 한 판을 똑같이 나눴는데 한 판보다 클 수가 있나요? 즉, 피자 한 판의 $\frac{4}{5}$는 얼마냐는 문제입니다. 피자 한 판을 똑같이 나눠서 다섯 명이 먹어야 해요. 먹을 수 있나요? 이게 말이 되나요? 한 판이 더 있다면 모를까. 부모보다 큰(키가 아니라 나이가 많은) 자식이 있을 수 있어요? 정리해 봅시다. 분모보다 분자가 큰 분수를 가분수라고 합니다. 가분수는 대분수로 바꿀 수 있습니다. 분모와 분자가 같을 때는? 이것 역시 가분수입니다. 이럴 때는 자연수 1임을 앞에서 설명했습니다.

기약분수 旣(이미, 벌써) 約(묶다, 다발 짓다)

분모와 분자 사이의 공약수가 1뿐이어서 더 이상 약분되지 않는 분수를 기약분수라고 합니다. 어렵지요? 말하는 저도 그렇습니다. 그럼 쉽게, 이야기로 풀어 볼까요? 먼저 공약수입니다. 두 정수의 공통 약수, 두 정수를 모두 나누어 떨어뜨리는 정수를 두 정수의 공통 약수, 줄여서 공약수라고 합니다. 문제를 풀어 보는 것이 쉽겠네요. (양의 정수에서만 구해 보자)

12가 있고 15가 있습니다. 두수를 나누어 똑 떨어지는 약수를 구해 봅시다.

12-1, 2, 3, 4, 6, 12

15-1, 3, 5, 15

공통으로 나누어 떨어뜨리는 수는? 1, 3, 두 개입니다.

이왕 시작한 것, 진도 팍팍 나가 봅시다.

3은 12와 15를 나누어떨어지게 하는 가장 큰 수입니다. 이를 공약수 중 가장 큰 공약수, 최대공약수(GCD, greatest common divisor)라고 합니다. 하나 더~

3과 4의 배수를 찾아봅시다.

3-3, 6, 9, 12, 15, 18, 21, 24…

4-4, 8, 12, 16, 20, 24, 28, 32…

이중 공통으로 들어가는 배수는 12, 24…이며, 이를 공배수라고 합니다. 가장 작은 공통인 배수는? 당연히 최소공배수라고 하고 12입니다. 아마 어떤 선생님은 LCM(least common multiple)이라고 하며 설명하실 것입니다.

아직 설명할 것 두 바닥 더 남았는데 그만하고 기약분수 들어가야겠습니다.

$\frac{50}{100}$. 백 개 중 오십 개

-50으로 분모 분자를 나눌 수 있습니다. $\frac{1}{2}$ (물론 나눌 수는 많다)

$\frac{6}{12}$ 열두 개 중 여섯 개

6으로 분모 분자를 나누면 $\frac{1}{2}$

$\frac{4}{8}$ 여덟 개 중 네 개

4로 분모 분자를 나누면 $\frac{1}{2}$

$\frac{1}{2}$은 더 이상 나눠지지 않는다. 이를, 분모, 분자를 공배수로 더 이상 나눠지지 않는 분수를 기약분수라고 합니다. 또는 분모, 분자의 공약수가 1

인 분수도 기약분수입니다.

너무 쉽다고요?

그러면 다음 문제를 풀어 봅시다.

$\frac{3}{12}$은 3으로 나누면 $\frac{1}{4}$

$\frac{5}{35}$는 $\frac{1}{7}$

$\frac{40}{60}$은? $\frac{4}{6}, \frac{2}{3}$

$\frac{1}{4}, \frac{1}{7}, \frac{2}{3}$는 더 이상 나눌 수 없지요? 이를 기약분수라고 합니다. 아직도 이해 안 되는 사람 있나요? 그럼 더 다양한 문제(익힘책 37쪽)를 풀어 보세요. 수학은 이렇게 구불구불 찾아가는 재미가 있습니다.

5) 소수 I 소수와 분수는 어떤 관계인가?

예전 그러니까 벌써 40년도 더 전 대학 입학시험을 준비할 때, 굳세게 맘먹고 시작한 재수에 실패했습니다. 파부침주(破釜沈舟)를 못 했습니다. 전력 질주를 막는 장애물, 안되면 복학하지! 뭐 하는…. 돌아갈 곳이 있었습니다. 그렇다고 재수를 설렁설렁한 것은 아니었습니다. 정말 열심히 공부했습니다. 하지만 마음 한구석에 나태해지려는 마음을 받아 주는 대안이 있었습니다. 대안이 있다는 것은 이런 경우처럼 나쁜 결과를 가져오기도 하지만, 대체로 좋을 때가 더 많습니다. 특히 수학은 여러 가지 방법으로 풀어 볼 수 있는 대안이 많습니다. 소수를 공부하면서 종종 느끼는 감정(?)이, 분수와 소수는 대안일까 대체재일까? 보완관계일까에 대한 궁금함입니다.

대안

어떤 일에 대처할 방안

대체하다

다른 것으로 대신하다.

보완하다

모자라거나 부족한 것을 보충하여 완전하게 하다.

수학에서 소수는 2가지를 말합니다.

가. 소수 小數 decimal(fraction)

decimal 십진법

0.1(영점일), 0.26(영점 이륙), 5.8(오 점 팔), 32.49(삼십이 점 사구) 등을 소수라고 합니다. 왜 소수를 배우나요? 어디 사용하려고 배우냐는 훌륭한(사실은 수학 공부 하기 싫어 묻는) 학생 있습니다. 이렇게 대답해 줍니다.

첫 번째 대답

1보다 작은 수를 나타내는 방법이 뭘까요? 그러게요라고 묻는 학생 드뭅니다. 나름 고심하여 답을 찾습니다. 음~고개를 갸웃갸웃, 턱을 받치며 생각하는 로댕이 되어 봐도 모르겠습니다. 선행 학습한 교진이, 지현이, 지훈이, 주홍이 벌렁거리는 입을 막느라 안절부절못합니다. 선생님의 엄격한 눈빛 아니었으면 벌써 말했을 겁니다.

두 번째 대답

소수는 수를 이해하는데 편리해요. 보세요. 100g 과자 봉지 뒷면을 보면 이런 숫자가 쓰여 있습니다.

열량 270kcal, 나트륨 240mg, 지방 1.3g, 포화지방 0.3g …. 100g 중에서 지방이 1.3g 들어 있다는 뜻입니다. 이걸 분수로 만들면 지방은 $\frac{13}{10}$g 들어 있습니다. 이해가 쉽나요? 더 헷갈리지요?

'전체'가 100g, 그중 지방은 1.3g. '전체', '그중' 어디서 많이 들어본 말이네요? 맞아요. 분수 배울 때예요. 분수와 소수의 쓰임이 조금 이해되나요?

> ※. 파부침주
> 중국 전국시대 초나라 장수 항우가 진나라를 공격할 때, 병사들과 함께 황하를 건넌 뒤 타고 온 배를 모두 가라앉히고 밥 지을 솥도 깨뜨렸다. 또한 3일 치 식량만 남기고 모두 버리게 했다. 돌아갈 수 없게 된 병사들은 죽을 각오로 싸웠고, 대승을 거두었다는 데서 유래한, 굳은 결의를 비유하는 고사성어다. 비슷한 의미로 배수의 진이 쓰이기도 한다.

나. 소수 素數 prime number

prime 주요한, 기본적인, 최상급의

2, 3, 5, 7, 11, 13, 17, 19, 23, 29, 31, 37

이 수들의 공통점이 무엇이지요? 맞아요. 1보다 큽니다. 1과 그 자신 이외의 자연수로는 나눌 수 없습니다. 다르게 표현하면 1과 자기 자신만으로 나누어떨어지는 수입니다. 이 소수를 알기 위해 먼저 소인수분해를 합니다. 소인수로 분해하는 것. 소인수가 뭐예요? 약수 중에서 소수인 것을 말해요. 수학 용어가 막 나오지요? 용어를 외워서 적용하는 방법이 있고, 문제를 풀어 가는 과정에서 익숙해지는 방법이 있습니다. 무슨 말이냐고요?

한글을 익히는 방법이 보통 2가지예요. 하나는 자음, 모음 배워 글자를 깨치고 낱말을 알고 문장을 만들어 가는 방법이 있고, 또 다른 하나는 글자에서 공통된 자음과 모음을 분류하며 익혀 가는 방법이 있습니다. 두 방법 모두 장단점이 있고, 자신에게 더 잘 맞는 방법이 있습니다. 수학 공식이나 용어 이해도 마찬가지예요.

수학을 할수록 분수와 소수는 서로 보완관계라고 생각합니다. 분수는 정확한 값 표현에 좋고, 소수는 계산이 편합니다. 반면에 소수는 3.141592653589…처럼 끝이 없는 무한 소수를 표현할 때 어렵고, 분수는 계산이 복잡합니다. 이럴 때 서로 상대 방식으로 변환해 주면 계산이 쉬워집니다. 이러한 장단점 때문에 생활에서는 소수가 많고, 수학 계산에서는 분수를 많이 사용합니다.

	분수	소수
장점	• 정확한 값 표현이 가능하다. • ×, ÷ 계산이 쉽다.	• 직관적인 크기 비교가 쉽다. • +, − 계산이 쉽다.
단점	• 직관적인 크기 비교가 힘들다. • +, − 계산이 어렵다.	• 정확한 값 계산이 귀찮다. • ×, ÷ 계산이 어렵다.

6) 소수Ⅱ 할·푼·리

예전에는 지금의 태권도 학원만큼은 아니어도 검도 도장이 꽤 있었습니다. 정중동. 내 체질에 맞을 것 같아 망설임 없이 등록했습니다. 호구 쓰고 도복 갖춰 입고 죽도 휘두르다 보면 온몸이 땀으로 흠뻑 젖곤 합니다. 날마다 죽도만 휘두르는 훈련이 지루할 때쯤 대련을 시키더군요. 사범님과의 대련이었습니다. 사범님의 옷자락 한 올도 베지 못했습니다. (죽도가 닿지 못했다) 이왕 시작한 것 단증을 따고 싶어 이론 공부도 했습니다. 검도 용어 중에 기검체일치라는 말이 있습니다. '검의 적절한 사용을 위한 의욕과 기력이 갖춰져 있으며, 넘치지도 부족하지도 않은 공격 범위를 설정하는 능력이 뛰어나서 상대에 반응하는 지극히 적절한 타이밍을 갖춤.' 이란 뜻입니다.

야구 경기를 보다 타자와 투수의 관계가 검도와 비슷하지 않을까 생각했습니다. 잠시 타자를 검도 선수와 바꿔 보겠습니다. 제가 좋아하는 선수 중에 K 타자가 있습니다. 그의 검법(타격)은 담백합니다. 그냥 오는 공 치겠다는 자세? 그래서 이렇게 표현했습니다. 매 경기마다 K 선수는 표정이 똑같습니다. 하지만 저는 K 선수가 평소와 같은 표정임에도 몸이 주는 분위기를 느낄 수 있습니다. 잠시 흔들리던 몸이 상대의 눈과 마주치는 순간 미동도 없습니다. 숨을 고르는가 싶은데 그의 숨은 멈춰 있습니다. 상대의 검(공)이 날아 오고, 그는 한 마리 매가 됩니다. 날카로운 검(공)은 그의 발톱(방망이)에 무디어 멀리 튕겨 오릅니다.(홈런) 사라져가는 검(공)의 방향을 잠시 가늠하다 달려 나갑니다. 그제야 그의 표정도 풀립니다. 평소의 그로 돌아옵니다.

그는 달인입니다. 3할대를 유지하는 K 타자, 대부분 2루타를 날립니다. 특히 2사 2루일 때 안타를 날려주면 기분이 좋습니다. 홈런보다 안타가 많아서 더 좋습니다.

이제부터 설명하는 할푼리모를 풀어 쓰려 검도를, 야구를, K 선수를 호출했습니다.

0.358이라는 소수를 3할 5푼 8리라고 읽습니다. 소수 첫째 자리를 할, 둘째 자리는 푼, 셋째 자리는 리라고 합니다. 따라서 5.678은 56할 7푼 8리, 56.78은 567할 8푼, 567.8은 5,678할이 됩니다. 3.005는? 30할 5리입니다. 0은 빼고 읽습니다. 즉, 할은 0.1, 푼은 0.01, 리는 0.001입니다. 예전에 이자를 계산할 때도 할푼리를 썼습니다. 3부 이자니 5부 이자니 했습니다. 물론 지금도 사용하고 있습니다.

1할로 계산하자는 말은 10%라는 뜻입니다. 30% 할인이래? 10,000원짜리를 30% 할인하면 얼마일까요?

10,000×0.3=3,000원을 깎아주네요. 1만 원짜리를 7천 원에 살 수 있다는 뜻입니다. 이러한 할푼리 용어는 어디에서 왔을까요? 한자임이 분명한데. 맞습니다. 한자로 割分厘로 쓰며, 일본에서는 와리, 부, 린으로 읽는답니다. 즉, 우리나라와 일본에서 사용합니다. 누군가는 일본에서 유래했다고 하고 또 누군가는 우리 고유 표기 방식이라고 하는데, 아무래도 일본

에서 온 용어 같습니다.

분수, 소수, 할푼리를 막 섞어 설명했습니다. 정리해 봅시다. 분수 $\frac{1}{4}$은 소수로 0.25, 2할 5푼. 왜 이러냐고요? 분수를 소수로, 소수를 분수로 바꾸는 것은 분수, 소수 단원에서 설명하겠습니다.

2. 도형

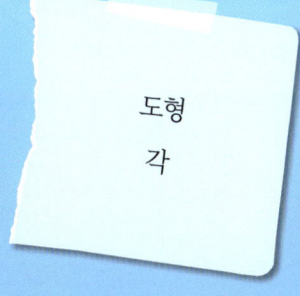

도형
각

1) 도형Ⅰ 이솝 우화 속 도형

도형

- 그림의 모양이나 형태, 그림꼴
- 면, 선, 점 따위가 모여서 이루어진 꼴

또 이솝 우화 이야기입니다. 숲속에 여러 동물이 살고 있습니다. 여우와 두루미는 서로 사는 지역이 달랐습니다. 그래서 만날 일이 별로 없습니다. 가끔 마주쳐도 어색하게 가벼운 인사만 하고 지나쳤습니다. 어느 날 여우가 먼저 용기를 내어 말을 붙입니다.

"우리가 서로 같은 공간에 사는데 좀 더 친하게 지내고 싶어. 널 저녁 식사에 초대할게."

두루미는 뜻밖의 초대에 가슴이 두근거렸습니다.

"좋아. 언제 갈까?"

"응, 보름달이 뜨는 시각에 맞춰서 와줘."

두루미는 약속 시간에 맞춰 여우네 집을 방문합니다. 반갑게 맞이하는 여우를 보며 오길 잘했다고 생각합니다. 집에 들어서자 맛있는 음식 냄새가 코를 찌릅니다. 그러잖아도 오늘 하루 종일 아무것도 먹지 못했습니다. 무안하게 침 넘어가는 소리가 막 나는 겁니다. 곧이어 여우가 음식을 담은 그릇을 안고 나오네요. 둥근 접시에 담아 내 온 겁니다. 두루미의 긴 부리로는 도저히 먹을 수가 없습니다. 결국 쫄쫄 굶은 채 돌아왔어요. 집에 와서 생각해 보니 너무 속이 상하고 분해서 잠이 오지 않을 지경입니다.

"나를 골탕 먹이려 일부러 접시에 담아 내 온 거야. 좋아, 내가 가만있을 줄 알아?"

며칠 후 이번에는 두루미가 여우를 초대했습니다.

"지난번에 고마웠어. 이번에는 내가 널 초대할게. 맛있는 음식을 많이 준비했어."

그 말을 들은 여우는 두루미네 집에서 실컷 먹을 생각으로 사흘 전부터 굶었습니다. 얼마나 배가 고팠을까요? 두루미네 집이 가까워 올수록 맛있는 냄새가 코끝에 스며듭니다. 두루미는 여우 발걸음 소리를 듣고 벌써 마중을 나옵니다. 여우가 식탁에 앉자 음식을 내옵니다. 입구가 기다란 호리병 두 개를 들고 나타난 거예요.

"여우야 어서 먹어."

어떤 책에서는 두루미 대신 황새가 나오기도 합니다. 이 이야기는 선량한 의도와 다르게 상대방에 대한 배려가 부족하면 오해가 생길 수 있을 수 있다. 섣부른 호의가 상대를 곤경에 빠뜨릴 수 있다, 자기가 한 언행은 언젠가 돌려받는다는 등 '독서 토론'을 재미있게 진행할 수 있는 이야기입니다.

선생님은 이 우화에서 음식 그릇에 주목합니다. 왜냐고요? 수학이 들어 있기 때문입니다. 이 세상에 둥근 접시만 있다면 어떨까요? 호리병처럼 생긴 그릇만 있다면 등… 주변에는 다양한 모양이 있습니다. 찾아볼까요? 여러 가지 모양을 찾는 놀이를 해 봅시다. 1학년 때는 칠교놀이 판으로 다양한 모양을 만들어 보기도 합니다. 여러 가지 모양을 도형이라고 합니다.

도형을 기하학이라고 합니다. 이솝 우화 속에 기하학이 있습니다. 놀랍지요? 초등학교 수학에 나오는 도형은 세모, 네모, 삼각형, 사각형, 오각형, 육각형, 팔각형, 사다리꼴, 마름모, 평행사변형, 원. 삼각형도 직각삼각형, 이등변삼각형, 정삼각형, 사각기둥, 육각기둥, 팔각기둥, 원기둥, 원뿔, 구 등이 있습니다.

2) 도형Ⅱ 도형에서 만나는 기하학

기하학

점, 직선, 곡선, 면, 부피 등 공간의 성질을 연구하는 수학의 한 분야를 기하학이라고 합니다. 관련 낱말만 나열하겠습니다. 점, 선, 직선, 면, 평면, 평면각, 수직, 둔각, 직각, 예각, 원, 원의 중심, 지름, 삼각형, 사각형, 평행사변형, 평행, 마주 보는 각, 변, 다각형…. 주변에서 보니 웬만큼 수학한다는 사람도 기하학은 힘들어합니다. 왜 그럴까요? 도형을 배우는 이유에서 찾아보겠습니다.

가. 기하적 속성

　기하학은 점, 직선, 곡선, 면, 부피 등 공간의 성질을 연구하는 수학의 한 분야입니다. 다른 말로 꼴, 크기, 위치에 관한 성질을 연구하는 분과라고 합니다. 더 쉽게? 점, 선, 면으로 이루어진 모양이나 위치를 말합니다. 고대 이집트의 나일강이 범람해서 사라진 경계를 다시 만들어야 했는데, 어쩌고저쩌고 수학 시간에 이런 이야기를 많이 들었을 것입니다. 여기까지도 이해가 안 된다면 하나 더, 공간에 관한 것이 기하학입니다. 더 어렵다고요? 기하학이 쉬운 줄 알았다면 그게 더 어려운 것입니다.

　본격적으로 기하학을 공부해 보겠습니다. 기하학의 첫걸음이 여러 가지 도형입니다. 『수학 2-1』의 '2. 여러가지 도형'에는 '주변에서 ○, □, △ 모양을 찾아보자.'라는 주제가 나옵니다. 대뜸 삼각형이라고 하지 않습니다. 세모 모양이라고 합니다. 주변에서 세모 모양을 찾아 보고, 그려보고 이야기해 봅시다. 그러면서 이제부터 이런 모양을 삼각형이라 부른다고 말합니다. 선생님이 삼각형이라고 했기 때문에 삼각형입니다. 즉, 누군가 삼각형이라고 불렀던 모양과 비슷하기에 삼각형입니다. 그러면서 배우고 익힌, 세 변의 길이가 같은 정삼각형의 밑변은 항상 종이 아래와 평행을 이루고 있습니다. 그런데 오늘 나눠준 학습지에 고의인지 실수인지 밑면이 종이 아래와 평행이 아닙니다. 그동안 알고 있는 정삼각형과 다릅니다.

'선생님 이건 정삼각형이 아니에요.'

'그래? 종이를 돌려 볼까요? 아니다. 삼각형을 살짝 돌려 보자. 정삼각형이란 말이지….'

'아하? 알았어요. 세 변의 길이가 같아요. 세 각의 크기가 같아요.'

정삼각형이 갖고 있는 속성 즉, 기하적 속성을 알아 버렸습니다. 이제부터 진도를 막 나갈 수 있습니다. 이등변삼각형, 직각삼각형, 예각삼각형, 둔각삼각형. 생활 주변에서 찾아보고, 그려보고 오려보고 놀이하며 익힙니다. 하지만 진도 따라오는 학생은 드뭅니다. 왜 그럴까요? 도형은 계산만으로 되는 것이 아니기 때문입니다. 만지고 보고 상상해야 합니다. 그리고 왜 삼각형이고 사각형이고 평행사변형인지 설명할 수 있어야 합니다. 어느 영역이든 마찬가지인데 도형(기하학) 역시 기초를 잘 닦아야 합니다. 삼각형은 세 변이 있고 세 각이 있고 세 각의 크기의 합이 180°다. 외워라. 공식은 무조건 외워야 한다! 아직도 삼각형을 세모라고 하는 학생에게, 그런 것 시험에 안 나온다면서 삼각뿔 문제를 들이밉니다. 날개도 안 나왔는데….

나. 이거 맞는지 모르겠습니다, 순전히 개인적인 관찰과 해석입니다

○, □, △ 모양을 찾아보자고 하면, 대부분은 □-○-△순서로 찾습니다. □가 가장 많기 때문입니다. TV, 책, 스마트폰, 식탁, 책상, 출입문, 아파트…, 많은 것이 눈에 띄고 먼저 인식하는 것은 당연합니다. 주변에 □ 모양이 가장 많이 보입니다. ○도 마찬가지입니다. 컵, 훌라후프, 시계, 연필꽂이, 빵, 자동차 바퀴, 단추…. △을 찾는 것은 좀 더딥니다. 멋들어진 주택이나 텐트, 빨래걸이 등 예시 그림을 보여 주면 발동이 걸립니다. 대부분 그렇습니다. 하지만 유난히 △에 집중하는 학생이 있습니다. 수도 없이 보이는 □, ○보다 △ 먼저 찾으려 합니다. 이런 학생들 소수입니다. 남들이 집중 안 하는 것에 몰두하는 모습이 아름답다고 해야 하는지, 아니면 소수 의견(?)을 칭찬해야 하는지 헷갈릴 때가 있습니다.

다. 쌓기나무로 이해하기

쌓기나무 한 개, 두 개, 세 개, 네 개로 만들 수 있는 모양은 몇 가지인가? 12가지입니다. 이 원리를 응용하여 멋진 건물을 세울 수 있습니다. 기하학이 공간이라는 말 이해되나요?

- 『수학 6-2』 2. 공간과 입체, p.p 56

> 3) 바빌론인이 찾아낸 각 角 Angle

- 면과 면이 만나 이루어지는 모서리.
- 한 점에서 갈리어 나간 두 직선의 벌어진 정도.
- 한 점에서 나간 두 개의 반직선이 이루는 도형.
- 어떤 일에 대한 대강의 계산이나 견적을 비유적으로 이르는 말.(이런 일은 몇 년 하다 보면 보자마자 바로 각이 나온다) (네이버 국어사전)
- 유의어로 귀, 귀퉁이, 모, 모퉁이, 각도가 있습니다.

가. 약속하기

- 각의 크기를 각도라고 합니다. 각도를 나타내는 단위는 도(°)입니다. 직각의 크기를 똑같이 90으로 나눈 것 중 하나를 1도라고 하고, 1°라

고 씁니다. 따라서 직각의 크기는 90°입니다. 각도가 0°보다 크고 직각보다 작은 각을 예각, 직각보다 크고 180°보다 작은 각을 둔각, 180°는 평각, 180°보다 크고 360°보다 작은 각을 요각, 360°에서 열각을 뺀 각을 우각이라고 합니다. 보통 예각, 직각, 둔각만 알아도 됩니다. 각의 원리는 고대 바빌로니아에서 발견했다고 합니다. 인류 문명 발상지 중 하나인 티그리스, 유프라테스강 사이의 고대 왕국이었던 바빌로니아는 기원전 1,800년대, 지금으로부터 3,800년 전 함무라비라는 왕이 법을 만들어 점토판에 기록해 놓습니다. '눈에는 눈, 이에는 이'라는 말 들어 보셨나요? 탈리오 원칙이라고 '네가 나에게 한 만큼 나도 너에게 돌려준다'라는 형벌 논리입니다. 선생님이 좋아하는 노래, Boney M이 부른 〈바빌론 강가에서〉로 시작하는 Rivers of Babylon이 여기를 배경으로 합니다.

문명이 발달한 바빌론인들은 태양이 뜨는 위치를 관찰했습니다. 찬란한 태양이 아침마다 조금씩 위치를 달리하며 뜨는 겁니다. 그리고 360일 후에 다시 제자리로 돌아온다는 사실을 알게 됩니다. 태양이 한 바퀴 돌았어요. 한 바퀴 돌았으니 원이지요. 360일 만에 제자리로 돌아왔으니, 원이 360칸으로 나누어지겠지요? 그렇게 해서 원이 360°라는 것을 알게 됩니다. 사실 1°가 얼마만큼인지 구분하기 쉽지 않습니다. 그래서 각도기를 사용합니다. 물론 대략 계산을 하기도 합니다. 목측(어림, 눈대중)으로 짐작

하는 것도 배웁니다만 정확한 계산을 위해서는 각도기를 사용하여 재야 합니다. 어림해서 각을 쟀을 때는 '약'이라는 말을 붙입니다. 약 35도 정도 된다. 약 60도다 등. 물론 각도기 없이 각도를 잴 수 있는 방법이 있습니다. 삼각형의 기하학 원리를 활용하여 자를 가지고 측정하기도 합니다.

나. 각도는 곳곳에 있다

각도 수업을 할 때 모형 시계, 부채를 폈다 오므렸다 하면서 각을 인식하게 합니다. 이를테면 시곗바늘을 2시로 맞추면 예각, 5시면 둔각 이런 식입니다. 그리고 시선을 주변으로 돌립니다. 생활에서 각도가 들어가지 않는 곳이 있나요? 인사할 때 허리를 30° 정도 굽히면 알맞다고 하지요? 똑바로 서서 15° 위를 바라보는 자세가 자신감 있어 보인다고 합니다. 2019

년 일이네요. 헝가리 부다페스트 다뉴브강을 유람하던 우리나라 관광객 스물다섯 명이 목숨을 잃었습니다. 충격이었습니다. 도심 속 강에서 일어난 사고라는 것도, 들이받은 배가 제때 구조활동을 하지 않은 것도 놀라웠습니다. 추돌한 선장은 '각도를 잘못 계산했다'라고 말했다지요? 다뉴브강은 여러 나라를 흐르는 국제 하천으로 독일에서는 도나우강이라고 부른답니다. 그 큰 강에서 많은 사람들이 지켜보고 있는 상황에서 그런 일이 일어났습니다. 선장이 수학 공부를 게을리했을까요? 책임감의 문제겠지요.

더운 여름에 에어컨 바람 나오는 송풍구 각도에 따라 바로 아래 앉아 있는 사람은 춥고, 멀리 떨어진 사람은 덥기도 합니다.

'치아는 우리 몸에서 중요한 첫 번째 소화기관입니다. 치아가 제 기능을 발휘하지 못하면 소화장애, 영양소 흡수, 발음, 발성, 인상과 심미적 부분에도 영향을 미칩니다. 임플란트는 3D-CT와 구강 스캐너를 활용해 환자의 구강 구조를 정밀하게 분석한 다음 적합한 위치와 각도를 계산하는 방식으로 이루어집니다.' 어느 치과의 임플란트 소개 글입니다.

'담배를 피우지 않는 여성 성악가들과 나머지 공부를 하며 담배를 드는 각도, 손의 방향, 다리를 꼬는 방식까지 연습했다.' 오페라 〈탄호이저〉 연출가 요나 김의 대담 중 말입니다. 생활 속에 각도는 얼마든지 있습니다.

다. 각도를 배우는 이유

각도는 도형과 공간을 이해하는 중요한 요소입니다. 도형의 모양, 방향, 회전에 따라 달리 보이고 느껴지는 특징을 이해하는 데 각도의 개념이 필요합니다. 보는 각도에 따라 다르다는 표현 많이 하지요? 무엇보다 각도는 실생활과 연결되어 있습니다. 각도는 수학적 사고력의 핵심인 비교, 측정, 추론하는 능력을 키울 수 있는 중요한 요소입니다. 『수학 4-1』의 '2. 각도' 단원이 나옵니다. 이 단원에서는 가위로 오리고 접고 결합하는 활동을 많이 합니다. 쉽다고 설렁설렁 넘기지 마세요. 쉬운 것이 주는 지루함에 속을 수 있습니다. 여기서부터 잘 다져야 이후 중학교에서 편하답니다. 중학교 고등학교 다니는 형, 누나, 오빠에게 사인, 코사인, 탄젠트가 뭐냐고 물어보세요. 초등학교 때 각도를 얼마나 열심히 공부해야 하는지 말해 줄 겁니다.

정리할게요. 각도는 도형과 공간을 이해하고 실제 생활과 수학을 더 깊이 이해하고 배우는 데 필요한 도구입니다.

라. 생활에서 각을 유지해야 하는 이유

어른들이 말하는 모습을 보면 각을 잔뜩 잡고 말할 때 있습니다. 의도가 가득 들어 있습니다. 대부분 생색 내고 싶을 때 각을 잡습니다. 표정과 분위기에 더하여 온몸으로 각 잡고 말합니다. 효과 있냐고요? 천만의 말씀 만만의 콩떡입니다. 여러분도 친구 사이에 각 잡고 말하나요? 너무 뻣뻣하게 굴면 친구도 힘들고 나도 힘들답니다. 자연스럽게 예각으로 살아도 아무런 손해 없습니다.

마. 눈으로 볼 수 있는 범위가 달라요

눈으로 볼 수 있는 범위를 시야라 하고, 이것을 각도로 표시한 것을 시야각이라고 합니다. 사람은 보통 정면을 볼 때 왼쪽으로 90°, 오른쪽으로 90°를 볼 수 있어서 시야각이 180° 정도 된다고 합니다. 올빼미는 왼쪽 30°, 오른쪽 30° 해서 시야각이 60°로, 시야가 좁지만 밤눈이 밝아서 다른 동물들이 잠들었을 때 사냥합니다. 붉은 다람쥐는 왼쪽 150°, 오른쪽 150°를 볼 수 있어 시야각이 300°입니다. 시야각이 넓어서 자기를 잡아먹으려는 동물들을 쉽게 알아챌 수 있습니다. 개는 왼쪽으로 120°, 오른쪽으로 120°를 볼 수 있어 시야각이 240°입니다. 눈이 머리의 약간 옆쪽에 있어 정면보다 주변을 잘 볼 수 있습니다.(『수학 4-1』, p.p 52)

3. 측정

길이
시간
무게

1) 기준을 만드는 길이 Length

mm, cm, m, km, in, ft, yd, mile, 자 尺, 간 間, 정 町, 리 里, 해리 海里

미터를 기준으로 비교하면 다음과 같습니다. 1미터는 100센티미터, 39.37인치, 3.2808피트, 1.0109야드, 0.0006마일, 3.3자, 0.55간, 0.00917정, 0.00025리입니다.

가. 들어가며

4학년 음악 시간에 아리랑을 배웁니다. 이 노래를 가르칠 때마다, 30년 전이나 지금이나 여전한 감정이 있습니다. 애들아 이 노래 어때? 좋아요~ 여러분에게 좋다는 것은 맘에 들어요. 쉬워요. 부담 없어요. 재밌어요 등을 의미하지요? 민족 정서랄까요? 예전이나 지금이나 학생들이 느끼는 감정은 '좋다'는 것입니다. '아리랑 아리랑 아라리요. 아리랑 고개를 넘어간다. 나를 버리고 가시는 임은 10리도 못 가서 발병 난다~~' 10리, 3,927.27273m, 즉, 4km도 못 가서 발병이 났네요. 사랑을 뿌리치고 가는 매정한 마음이라니, 발병 나도 싸지요?

나. 생활과 길이

5월이면 초등학교에 중학교 교복이 보입니다. 중학생이 된 졸업생들이 연어처럼 옵니다. 작년 담임 선생님도 찾고, 체육 선생님, 영어 선생님도 찾습니다. 방과후교실도 기웃거리며 추억(?)을 회상합니다. 중학생과 초등학생 사이, 개와 늑대 사이? 아니에요. 병아리와 중닭 사이입니다. 귀여웠던 모습은 온데간데없고 어중간한 소년티가 팍팍 납니다. 성장 호르몬 발산하며 학생과 어른 사이의 표정이 주는 어중간함이란…. 쑥쑥 크는 모습처럼 아름다운 것 있을까요? 보통 삼식이 키가 '7.238cm나 컸네?'보다 한 뼘이나 컸다고 합니다.

2007년 일본 요코하마시 라라공원 단지에 12층 세 개 동 아파트가 준공됩니다. 인근에 쾌적한 공원과 국제 물류단지도 자리 잡고 있어 꽤 인기가 높아, 2016년에 한 개 동을 추가 건설합니다. 지명도 높은 부동산개발 회사가 지주와 공동으로 사업을 시행하던 2014년 먼저 준공된 아파트 중간 동

난간에 2.4cm의 틈이 벌어진 게 발견됩니다. 2년간 원인을 조사한 결과 기초 파일 몇 개가 암반까지 내려가지 않았음을 발견합니다. 2017년 시행사는 그동안 지은 네 개 동 전체를 철거한 후 재건축하기로 합니다. 재건축비는 원화로 약 3,000억 원, 입주자 이전비 보전에 1,000억 원 등 총 4,000억 원을 부담하기로 했습니다. 2.4cm 때문에 4,000억 원이 들어갔습니다.

다. 초등학교의 기하학

길이 측정 학습 역시 공간 이해 능력을 높이는 학습입니다. 길이를 측정하기 위해서는 길고 짧음의 기준이 있어야 합니다.

비교하기(『수학 1-1』)

1학년에서 양, 길이, 무게, 넓이를 비교합니다.
'연필과 지우개 중 어느 것이 더 길지요?'
'연필입니다.'
'다양하게 표현해 볼까요?'
'연필은 지우개보다 깁니다.'
'지우개는 연필보다 짧습니다.'
수학 시간에 수학만 배우는 것 아닙니다. 어휘력도 늘려 갑니다.

길이 재기(『수학 2-1』)

길고 짧은 것은 재 봐야 압니다. 하지만 맞대어 비교할 수 없는 것이 더 많습니다. 어떻게 해야지요? 즉, '직접 맞대어 비교할 수 없는' 것을 비교하는 방법을 알아봅시다. 수업 시간에 이런 놀이도 합니다.

'엄지와 검지를 완전히 펴서 벌린 길이를 뼘이라고 합니다.'

'짝꿍의 팔 길이를 재 봅시다.'

'뭐로?'

'뼘으로.'

'예원이가 잰 팔 길이는 네 뼘이에요.'

이번에는 책상 높이를 재 봅시다. 창문은? 철봉, 미끄럼틀, 축구 골대… 잴 거리가 많습니다. 그런데 이상해요. 예원이가 잴 때는 네 뼘인데, 알콩이는 다섯 뼘이 나왔어요. 왜 그럴까요? 예원이 손가락이 더 길다고요? 그럼 어떻게 해야지요? 누가 재도 똑같은 물건으로 재야 합니다. 그런 물건이 있나요? 있습니다. 자입니다. 여러분은 방금 중요한 것을 발견했어요. 기준이라는 것을 찾아냈습니다.

이렇게 누가 재어도 길이가 똑같은 단위가 필요함을 알게 합니다. 그러면서 센티미터를 읽어보고 써 보고 찾아 보고 그려봅니다. 같은 학년 2학기 3단원에 또 길이 재기가 나옵니다. 이번에는 줄자를 사용합니다. 맞아요. 미터입니다. 모든 것이 딱 맞아떨어지면 얼마나 좋을까요? 융통성, 어림을 배웁니다. 어림한 길이는 ○m인데, 자로 잰 길이는 ○m ○cm입니다. 융통성도 원칙에서 나옵니다. 기준을 명확히 익히고 나서 어림을 합니다. 어림은 기준을 보완해 주는 학습입니다.

길이와 시간(『수학 3-1』)

길이와 시간이 한 단원에서 나옵니다. 시간과 공간의 동시성 때문에 그렇다고 생각합니다. mm, cm, m, km. 초, 분, 시간으로 이어지는 연계성과, 더하고 빼는 계산의 유사성도 이유가 될 것입니다. 이때부터 길이의 단위가 다양해집니다. 100cm=1m. 1,000m=1km입니다. 그렇다면 문제를 내겠습니다.

알맞은 단위에 ○하시오.

북한산의 높이는 836(mm, cm, m, km)

운동화의 길이는 22(mm, cm, m, km)

나비의 길이는 6(mm, cm, m, km).

북한산은 m, 운동화는 mm와 cm, 나비의 길이는 cm로 잽니다. 물론 북한산을 0.836km라고 해도 틀린 것은 아닙니다. 하지만 '간결함의 원칙'에 따라 m로 말합니다.

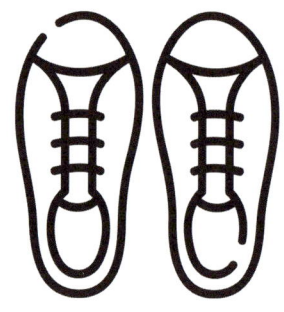

라. 기초 튼튼

교육과정 중 나선형 교육과정이 있다고 했지요? 빙글빙글 돌아 올라가는 모양을 나선이라 합니다. 1학년 과정이 2학년에 중복(반복)되고, 2학년 과정이 3학년에, 3학년 과정은 4학년에 중복과 반복이 있습니다. 특히 수학은 이러한 과정이 중요합니다. 전 단계를 충분히 학습하지 않으면 다음 단계가 어려워집니다. 한 자릿수 덧셈과 뺄셈이 서투른데 두 자릿수, 세 자릿수 덧셈과 뺄셈을 할 수 있을까요? 수학은 기초가 탄탄해야 합니다. 건너뛰면 안 됩니다. 선행 학습한다고 2학년에게 3, 4학년 문제 안기면 부작용이 큽니다.

『수학 5-1』의 '6. 다각형의 둘레와 넓이', 『수학 5-2』의 '5. 직육면체', 『수학 6-1』의 '2. 각기둥과 각뿔'과 '6. 직육면체의 겉넓이와 부피', 『수학 6-2』

의 '2. 공간과 입체'와 '5. 원의 둘레와 넓이', '6. 원기둥, 원뿔, 구'처럼 초등학교 수학에서 기하학은 대부분 마지막 단원에 나옵니다. 그만큼 공간지능이 필요해서 그렇다고 생각합니다.

마. 맺는 말

수학과는 수학의 개념, 원리, 법칙을 이해하고 주변의 여러 가지 현상을 수학적으로 관찰하고 해석하며 논리적으로 사고하고 합리적으로 문제를 해결하는 능력과 태도를 기르는 교과입니다. 수학은 오랜 역사를 통해 인류 문명 발전의 원동력이 되어 왔으며, 세계화·정보화가 가속화되는 미래 사회의 구성원이 지녀야 할 역량을 기르는 데 필수적입니다.

- 『초등학교 교사용 지도서』, p.p 21, 교육부, 2024

> ## 2) 시각과 시간 Time

'우리는 시간을 죽이는 것이 아니라 시간이 우리를 죽인다.' – 영국 속담

시간에 관한 격언, 속담, 명언이 많습니다. 시간은 금이다, 늦었다고 생각할 때가 가장 빠르다는 문구를 책상머리에 붙여 놓고 공부할 때가 있었습니다. 여러분도 그렇나요? 교실에서 느끼는 감정인데, 학생들의 시간관념은 예전, 그러니까 학교 공부가 전부였고, IT 기기가 없었던 때와 다른 것 같습니다. 무슨 말이냐고요? 선생님이 느끼는 여러분의 시간 감정은 이렇습니다. '시간? 시간에 관한 생각이 없어요. 시간을 왜 따져요? 시간은 내가 어떻게 한다고 내 편이, 관리가, 유용할 수 있는 것이 아니에요'라는 겁니다. 선생님은 해와 달의 시간, 시계보다 해가 뜨고 달이 뜨는 시간에 살았고, 여러분의 시간인 지금은 디지털 시간대이기 때문에 그렇다고 생

각합니다. 그래서일까요? '얘들아, 시간은 황금이란다. 돈으로 살 수 없는 것이 시간이고 시간을 관리하는 사람이 성공한다.'고 하면 '네! 알았어요. 계획표 만들어 알차게 생활할게요.'라고 대꾸해 주면 얼마나 좋을까요?

1학년 2학기에 시간 학습을 합니다. 이 단원을 배울 때마다 선생님은 여러분에게 가르쳐 주고 싶은 것이 있습니다. 시계를 볼 줄 알고, 시간 관리를 할 줄 아는 단계를 넘어, 계획성 있는 삶을 살아가는 공부로 발전시키고 싶습니다. 가능합니다. 시간 학습을 하는 이유를 곰곰이 생각해 보세요. 시계를 읽을 줄 알아야 하는 이유, 시간의 흐름을 알아야 하는 이유를 생각해 보세요. 마침 시간 학습량도 많지 않습니다. 더하고 빼고 공식에 대입하는 학습도 아닙니다. 자기 학습으로 개념을 익히기 좋은 '시간'입니다. 그래서 이 시간이면 시간에 관한 학습에 더하여 시간 이야기를 많이 합니다.

가. 시간과 시각

시간 時間 (얼마 동안–양. 길이)

- 하루의 24분의 1이 되는 동안 세는 단위.

- 어떤 시각에서 어떤 시각까지의 사이.

- 시각과 시각 사이의 간격. (시작 시각에서 끝 시각까지 흐른 양)

- 어떠한 일이 걸린 길이.

- 수학 수업 시간은 1시 40분부터 2시 20분까지입니다.

- 시간 낭비하지 마라.

- 이제 잘 시간입니다.

- 약속한 시간이 되었다.

즉, "얼마나 걸려?"라고 묻습니다.

시각 時刻 (언제?–특정 순간)

- 시간의 어느 한 시점.

- 짧은 시간, 1각은 약 15분입니다.

- 시간의 한순간. (지금, 이 순간)

- 시계의 바늘이 가리키는 때. (시계를 보면 알 수 있다)

- 시간 중의 어느 한 시점.

- 현재 시각은 3시 45분입니다.

- 지금 시각이 몇 시지?
- 년, 월, 일, 시, 분 등과 조합으로 말할 수 있습니다.

"몇 시?"라고 묻습니다.

저는 지금 초등학교 수학 단원 중 시간에 관한 글을 쓰는 중입니다. 이 글을 9:50(순간, 시곗바늘)에 쓰기 시작하여 11:50(순간, 시곗바늘)에 마쳤습니다. 시작한 시각은 9:50, 마친 시각은 11:50입니다. 2시간(양, 길이) 걸렸습니다. 정리해 봅시다. 시간을 아껴라, 시간이 오래 걸렸다, 약속한 시각이 됐다, 식사 시간입니다 등 생활에서 시간이 더 많이 쓰입니다. 그럴 수밖에 없습니다. 시간이라는 말 속에 이미 시각의 의미까지 포함되어 쓰이기 때문입니다. 그래서 현재 시각을 시간이라 해서 틀린 것은 아닙니다. 하지만 '시간' 관념을 익히는 학생들에게 시간과 시각을 구분시키고 싶습니다. 명확한 개념 확립은 시계 보는 것 너머를 볼 수 있게 할 것입니다.

나. 구분이 필요한 이유

시각과 시간의 구분이 왜 필요하나요?

첫째, 명확화에 있습니다. '1시에 만나자'는 시각이고 '1시간 동안 공부하자'는 시간입니다. 시작 시각(소요 시간)과 마치는 시각이 명확하면 걸린 시간, 즉 정확한 양을 알 수 있습니다.

둘째, 시간 관리입니다. 시작 시각과 걸리는 시간을 알면 마치는 시각을 계산할 수 있습니다. 시간을 내 맘대로까지는 아니어도 조정할 수 있습니다. 작은 실천 하나. 약속 시간에 늦지 않는 것. 그 약속을 내가 장악하는 것, 즉, 시간을 관리할 수 있습니다.

셋째, 더 나은 학습입니다. 5시부터 1시간 동안 공부하고 놀자고 하면 시작 시각과 걸리는 시간을 모두 알 수 있습니다. 5시부터 6시까지 공부하자 보다 한 단계 발전한 의사소통입니다. 계산이 들어가기 때문입니다. 배운 것을 적용하는 과정이기도 합니다.

다. 시간은 돈? 맞다!

수학 시간에 종종 다음과 같은 이야기를 합니다.

'여러분의 통장으로 매일 86,400원이 입금됩니다. 이 돈은 24시간이 지나면 모두 사라지고 다음 날 다시 같은 금액이 입금됩니다. 어떻게 하겠습니까?'

'그 돈을 최대한 사용합니다.'

'오늘이 가기 전에 남기지 않고 다 쓸 것입니다.'

다시 묻습니다.

'그 돈은 바로 시간입니다. 하루는 86,400초로 이루어져 있습니다. 여러분이 어떻게 쓰든 밤이 되면 사라지고, 다음날 새로운 86,400초가 주어집니다. 그러다 어느 날 입금이 안 되는 날이 오겠지요? 하루를 어떻게 사용하겠습니까?'

학생들 말이 없어집니다. 생각거리가 많아지지요? 조금 어려운 말이지만, 생각하는 삶을 배우는 것을 철학이라고 합니다. 수학과 철학은 통합니다. 수학을 열심히 하세요. 삶이 풍부해집니다.

모양과 시각(『수학 1-2』)

시간과 시각 중 어느 말이 맞을까요?
- 스스로 정한(시간, 시각)에 일어나요.
- 약속한 (시간, 시각)까지 놀아요.

(정답은 둘 다 시각이다)

시각과 시간(『수학 2-2』)

우리는 시계 읽는 법을 배우지 않아도 읽습니다. 생활 속에서 비형식적으로 읽는 방법을 터득하기 때문입니다. 경험과 비형식으로 터득한 방법을, 개념을 정리하고 원리를 발달시킬 수 있도록 도와주는 것이 2학년 시각과 시간 단원의 목표입니다. 시간은 양입니다. 양을 관리함으로써 건강한 생활을 가져올 수 있습니다. 건강은 규칙성과 관계있습니다. 규칙은 시간 관리에서 옵니다. 시계 보는 것이 얼마나 중요한 일인지 알겠지요?

라. 생활과 수학

'일상생활에서 '시간'이라는 말은 때를 의미하는 것과 '걸린 양'을 의미하는 것으로 혼용되고 있습니다. 그렇지만 시각(時刻)은 시간 흐름에서 어떤 특정한 시점(time, point)인 위치를 의미하고, 시간(時間)은 시각과 시각 사이(interval)의 간격인 양을 의미합니다. 따라서 시계에서 시각적으로 보이는 '현재'와 걸린 '양'을 구분해야 하며, 발문할 때 시점(point)과 경과 시간 또는 기간(duration)을 구분하여야 합니다. 예를 들어

'밥 먹은 시간은 몇 분이지요?'

라는 표현에서는 식사를 시작한 시점을 묻는 것인지, 식사하는 동안 걸린 시간을 묻는 것인지를 구분해야 합니다. 이 표현은,

'밥을 먹기 시작한 시각은 7시 12분입니다.'

'식사를 시작한 시각은 7시 12분입니다.'

'밥을 먹는 데 얼마나 걸렸나요?'

'밥을 먹는 데 30분 걸렸습니다.'

와 같이 구분해 쓸 수 있습니다.

또 다른 예로 '며칠'이라는 표현에 유의해야 합니다. 특정 일을 묻는 것인지, 일이 일어난 경과를 묻는 것인지 구분하여 사용해야 합니다.

'달리기하는 날은 모두 며칠인가요?'

라는 표현에서는 달리기를 한 날이 몇 월 며칠인지를 묻는 것인지, 한 날들의 합을 묻는 것인지 구분해야 합니다. 이 표현은,

'달리기하는 날이 몇 월 며칠인지 이야기해 보세요.'

'달리기하는 날은 11월 4일, 11월 11일입니다.'

'달리기하는 날이 11월에 몇 번 있는지 이야기해 보세요.'

'달리기하는 날은 11월에 두 번 있습니다.'

와 같이 구분해 쓸 수 있습니다.

이와 같이 시각과 시간의 지도에서는 맥락을 이해하고 단위를 붙여 의사소통하고, 일상의 용어를 수학적 개념으로 명확하게 이해하고 사용할 수 있도록 지도해야 합니다.

― 『초등학교 1~2학년군』 수학 2-2 교사용 지도서, p.p 241, 교육부

시각과 시간의 차이를 구분해야 하는 이유는 분명합니다. 그러면 어떻게 시작할까요? 일상의 용어에서 시점을 표현하는 것과 양을 의미하는 것

을 구분하면 됩니다. 작은 실천이 커다란 변화를, 놀랍도록 계획적으로 생활하는, 시간을 내 의지대로 운영하는 자신을 발견할 것입니다.

'시간을 지배하는 자는 인생을 지배한다.'

— 나폴레옹 보나파르트

3) 공간지능과 무게 mg g kg t

가. 닷 말들이 항아리

도시 생활이 항상 즐거운 것만은 아닙니다. 가끔 깜깜한 어둠이 좋을 때가 있습니다. 반딧불이 날고, 풀벌레 소리도 들리는 시골이 그리울 때가 있습니다. 그런 기분이 들면 주저 없이 고향 마을로 달려갑니다. 시골집에 가면 항아리가 있습니다. 기존에 있던 것에 수시로 사들여 지금은 꽤 많습니다. 원래는 크고 작은 항아리 100개를 놓을 생각이었는데 지금까지 모은 항아리는 스무 개입니다. 왜 항아리냐고요? 어머니 핑계를 대야겠습니다. 어머니는 음식 솜씨가 좋기로 유명하십니다. 저 역시 그 인자를 물려받았습니다. 지금도 커피 알 한두 개의 차이를 구분할 만큼의 미각과 후각을 자랑(?)합니다. 항아리를 모으는 이유는 이다음에 시골에 내려가 간장,

된장, 고추장처럼 좋은 먹거리를 만들어 먹자는 계획 때문입니다. 물론 항아리 100개 분량은 판매도 염두에 둔 것이기에 판로 생각도 해야 했습니다. 내친김에 나름 상표 도안도 해 봤습니다. 상호를 뭐라고 하지? 어머니 이름 중 하나를 따서 정푸드? 정 된장? 정 간장 고추장? 고향마을 머리글자로 만든 CB푸드? 이렇게까지 나간 이유가 있습니다. 종종 어머니표 된장과 고추장이 판매됩니다. 대부분 친구가 고객이지만….

  항아리를 사러 다닐 때 서 말짜리, 닷 말짜리 하는데 쉽게 감이 오지 않았습니다. 그냥 대·중·소, 큰 것 작은 것 하면 안 되나? 어렸을 때 집에 말이 있었고, 마당 멍석에 널린 곡식을 말로 되어 사고팔던 모습도 있습니다. 말을 옆으로 놓고 말타기 놀이도 했습니다. 익숙한 서 말, 닷 말이 와 닿지 않는 것은 사용하지 않아서이고, 계량형의 통일로 사라져간 말이어서이고, 곡식을 계량이 쉬운 단위로 치환하지 못해서일 것입니다.

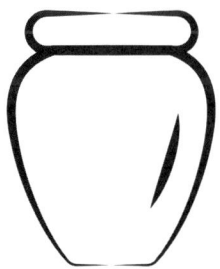

나. 공간지능

수학에서 들이와 무게는 『수학 3-2』의 '4. 들이와 무게'라는 단원에 나옵니다. 얼마나 넓은지 무거운지 길고 짧은지 알아보는 것을 측정이라 하며, 초등 수학에서 측정은 길이, 넓이, 둘레, 부피, 무게, 들이가 있습니다. 무게 단위는 mg. g. kg. t, 들이 단위는 mL, L, kL가 있습니다. 내 몸무게는 66kg이고, 작은 생수 한 병이 0.5L 또는 500mL입니다.

수학은 단계 학습입니다. (나선형 교육과정) 3학년에 '들이와 무게'를 배우기 위해 1학년 때 '비교하기'를 배웁니다. 비교하기 위해서 '더 길다, 더 짧다, 더 무겁다, 더 가볍다, 더 넓다, 더 좁다, 더 많다, 더 적다.'라는 말을 사용하며 배웁니다. 시시하다고 무시하다 된통 걸리기 쉬운 단원입니다. 축구공과 농구공, 수옥이 신발과 교진이 신발 중 누구 것이 더 무거울까 가벼울까? 교문 높이와 축구 골대는? 등 얼마든지 응용하고 놀려 먹을 수 있고 오답 유도할 수 있습니다. 어림과 실측이 동원되기에 공간지능 좋은 학생들이 두각을 나타내는 단원입니다. 어떻게 설명해도 '들이와 무게'는 이해가 쉽지 않습니다. (대부분 학생에게 수학이 다 그렇다) 이해해도 돌아서면 잊어 버립니다. 숫자만 봐도 어지럼증이 몰려옵니다. 이유가 있습니다. 몰라도 생활하는데 불편 없고, 수학 못 한다고 손해 없(는 것처럼 보이기)기 때문입니다. 하지만 이겨내야 합니다. 노력해야 합니다. 우리가 사는 사회는, 우리의 삶은 숫자로 이루어져 있기 때문입니다. 이 단원을 공부할 때는 실물을 많이 활용합니다. 주변에 있는 물건을 직접 재어 보고 달아 보고 부어 보고 펼쳐보아야 합니다. 수학은 생활입니다.

다. 정신의 무게

영화 〈승부〉. 조훈현(이병헌 역)과 이창호(유아인 역)의 바둑 실화를 영화로 만들었습니다. 전투의 신이라 불린 조훈현, 석불이라 칭하는 이창호. 둘은 스승과 제자 사이로 만납니다. 세계 최고 바둑 대회 우승으로 국민적 영웅이 된 조훈현에게 바둑 신동 이창호가 제자로 들어옵니다. 한 집에서 먹고 자며 스승의 가르침을 받는 제자 이창호. 어느 길이나 그렇듯 정체기가 오고 그 시기는 곤충이 탈피하듯, 나무가 나이테를 만들 듯, 성숙의 과정이 됩니다. 제자는 스승의 방식이 아닌 자신의 방법으로 싸우고 싶습니다.

속력 행마. 몽골 기마병처럼 무시무시한 속도로 상대 진영을 휘젓는 스승 조훈현에 비해, 계산의 신이라 불린, 돌다리도 두들겨 보고 건너지 않는 조심스러운 행보의 이창호. 저는 둘의 대결을 무게로 봤습니다. 저울에 올려 보아야 알 수 있는 무게가 아닌, 공간의 무게로 봤습니다. 저 사람은 참 묵직하다고 하지, 저 사람은 정신이 80kg이야 하지 않는 것처럼 말입니다. 무거우려면, 일희일비하지 않으려면, 무게 있는 사람이라면 어떻게 해야 하나요? 포커페이스도 어렵고 입 닫고 사는 것도 힘듭니다. 타고나야 하는 건가요?

라. 들이와 무게를 배우는 이유는 양의 개념을 확립하는 데 있다

쌀 10kg 주세요 해야지 적당히 두 식구 열흘 먹을 양 달라고 하면 어떻게 될까요? 수는 딱 떨어지는 개념 같지만, 사실은 추상적인 면이 많습니다. 무슨 말이냐면 물 0.32L 마실 거야 하는 것보다 시원한 물 반 컵만 달라고 하는 것처럼 말입니다. 누누이 강조하지만 초등 수학은 원리를, 개념을 익히는 과정입니다. 무게가 2.5kg인 가방에 짐을 16.4kg 담았다. 가방의 무게는 얼마인가라는 계산에 앞서 나에게, 또 주변에 가방과 짐이 차지하는 위치를 생각해 보는 공감이 앞서야 합니다.

4. 통계와 연산

그래프

연산

1) 보이지 않는 것을 보이는 것으로, 그래프 Graph

조금 어려운 말을 할게요. 감각이라는 말이 있습니다. 우리는 주변 상황을 보고 듣고 느끼고 만져서 압니다. 현관문을 들어서니 맛있는 냄새가 납니다. 엄마가 부엌에서 맛있는 음식을 만들고 계시는군요. 맛있다는 느낌은 코로 맡은 냄새 때문에 알게 됩니다. 좋아하는 김치찌개가 보글보글 끓고 있네요. 눈으로도 확인했습니다. 보통 감각은 시각, 청각, 미각, 후각, 촉각 다섯으로 나눕니다.

'세계가 저 홀로 감각될 수 없다는 것은 우리의 신체가 함께 세계를 체험함으로써 가능한 것이기 때문입니다. 따라서 감각은 외부의 환경과 소통되는 최초의 단계다. 감각 기관 중 인간의 눈은 작게는 아주 미세한 먼지에서부터 크게는 우주의 별을 지각할 만큼 그 범위는 광범위하며, 사물을 보는 것에 그치지 않고 더 아름답게 혹은 더 새로운 것으로 받아들여 새롭게 창조하는 인간의 고차원적인 정신작용과 밀접하게 관련되어 있다는 것에서 더욱 흥미롭다고 할 수 있습니다. 인간의 눈은 단지 생존을 위한 '본다'라는 개념을 넘어선 인간의 감각 기관 중에서도 고차원적인 인식작용에 의해 기억하고, 상상하며 꿈을 통해 인간 내면의 또 다른 시각 이미지로 확대됩니다.'

- 「人間의 눈을 主題로 한 陶磁造形 硏究」, 남선모, 서울과학기술대학교, 2004

가. 보이지 않는 것을 보이는 것으로

보이지 않는 것에는 외경과 불안감이 있습니다. 외경심을 주고자 신비주의 전략을 구사하며, 살아가는 방편으로 사용하기도 합니다. 반면에 보이지 않는 것은 불안감도 줍니다. 긍정적인 방향보다는 대부분은 그렇지 않은 불안입니다. 보이지 않기 때문에 어쩔 수 없습니다. 수학이라는 과목이 그러지 않을까 생각합니다. 막연한, 수식이 주는 추상성 불안입니다. 그래서 더더욱 수학은 어려운 과목이라는 생각이 들게 하는 것, 어렵다고 느끼며 접근할수록 더 어려워지는 것입니다. 그렇다면 눈에 보이게 하면 어떨까요? 시각 자료로 바꿔 주는 것 말입니다.

그래프는 단순한 그림이 아니라 수학적 논리를 담고 있는, 눈에 보이는 수식입니다. 따라서 초등학교 수학에서 그래프는 표를 정리하여 도형으로 그리는 단순한 기술로 접근하면 안 됩니다. 수학 개념을 시각화하고 분석하는 도구로 인식해야 합니다. 그래야 표를 읽고 그래프를 그리더라도 그 의미를 알고, 알고 그리니 재미가 있습니다. 앎의 선순환입니다.

나. (수학) 공부 잘하는 학생의 특징

공부 잘하는 학생의 특징이 있습니다. 여러 항목이 있습니다만 가장 눈에 띄는 것은 겸손하다는 것입니다. 두뇌와 노력, 학습 방법, 자신에 겸손합니다. 이러한 성향은 부족함, 잘못, 오류를 수정하는 데 좋은 요소가 됩니다. 공부 잘하는 학생은 자신의 발전에 적극적이며, 정보를 선별하고 조합하는 능력이 뛰어납니다. 중요하고 중요하지 않은, 힘쓸 때 쓰는 타이밍을 압니다. 정보를 분류하고 재정리하는 능력이 뛰어납니다. 지식의 정리 정돈(이 학생들 가방, 책상, 방 등등 의외로 무질서하다)을 잘합니다. 흔히 눈에 보이는 방 좀 치워라. 옷 똑바로 걸어. 양말 뒤집어 벗지 말랬지? 소리 듣는 학생들 내면(지식, 정신)의 정리정돈은 깔끔합니다. 그래프를 배우는 이유는, 정보를 정리하고, 비교하고, 변화의 추세를 알기 위해서입니다.

다. 교육과정 재구성

교육과정에 대한 설명을 짧고 간단히 하겠습니다. 학교에서 배우는 모든 것, 1교시에 국어를 어디서부터 어디까지 공부하고, 화재 예방과 대피 훈련은 학기에 몇 번 어떤 방법으로 하고, 급식 식단은 어떤 것으로 하는 것 등, 모든 것을 계획하여 문서로 만들어 놓은 것을 교육과정이라고 합니다. 물론 글자화 되지 않는 잠재적 교육과정도 있습니다만 여기서는 문서화된 교육과정을 말합니다. 여러분에게 적용하는 교육과정은 몇 단계의 과정을 거쳐 만들어집니다. 국가 수준 교육과정을 각 시도에 맞게 조정하고, 우리가 사는 고장, 우리 학교에 맞게 재구성합니다. 교과서 선택부터 시간 배당 등 (모르면) 복잡한 단계가 있습니다. 이렇게 해서 학교 교육 과정을 만들고 (11월부터 시작해 다음 해 2월까지 다듬어 3월에 완성한다) 학교 교육과정을 바탕으로 우리 반 교육과정을 만듭니다.

'올 1년 우리 반은 독서 교육을 강화하겠다.'

'예술 분야를 아는 반으로 만들겠다. 수학 잘하는 우리 반!' 등 학생의 수준과 요구, 교사의 특기를 바탕으로 학급 교육과정으로 구성합니다. 거기에 더하여 학습 내용도 재구성합니다. 교육과정을 설명하는 이유가 있습니다. 선생님의 특기에 따라 학습이 다양할 수 있다는 것을 설명하려는 것 때문입니다.

표와 그래프를 학습할 때는 다음과 같은 질문을 합니다.

『수학 4-1』 5. 자료와 막대그래프, p.p 112

'다음 문제에서 눈에 잘 들어오는, 얼른 이해되는 것은 어느 것인가요?'

저는 글이 더 와닿아요 하는 학생 있습니다. 천천히 곱씹으며 읽으면 글이 주는 포용력으로 더 많은 이해와 상상을 할 수 있다는 학생 있습니다. (특이한가?) 하지만 대부분 학생은 그래프에 손을 듭니다.

이유가 있습니다. 일단 모두 바쁩니다. 몇 문장 안 된다고요? 길고 짧음과 상관없습니다. 짧은 영상을 뜻하는 쇼츠폼이 유행이지요? 1분 안 되는 영상이 이어집니다. 위와 같은 문제를 대하면 대부분 이렇게 읽습니다.

'이게 무슨 말이야? 텔레비전을 보라는 건가? 아, 드라마보다 음악 방송을 들으라는 말이겠지?'

앞 한두 낱말만 읽고 뒤는 맘대로 예상하는 것(지레짐작), 물론 문해력 문제도 있습니다. (국어 포기자(국포자)라는 말도 있다지요) 그러니 두 문장만 넘어가도 읽으려 하지 않고 이해가 안 됩니다. 지문이 긴 시험을 내 보면 소설 같은 답 막 나옵니다. 동영상에 특화된 학생들! (다 그런 건 아닙니다) 1시간이고 2시간이고 동영상은 미동도 하지 않고 봅니다. 이러니 학생들 공부 시키려면 별의별 수단과 방법이 동원됩니다. 그래서 그림으로 가르쳐 보자는 생각을 했습니다. 그림? 어려운데? 대뜸 그림 들어갈 수 없지요. 그림의 전 단계. 글과 그림의 중간 지대. 표를 만들고(이건 쉽다) 다음에 그래프 학습을 합니다. 이 단원을 학습할 때 그래프를 보여 주고 무슨 뜻인지 읽어 내는 학습도 재미있습니다. 뜻밖의 창의력이 발휘됩니다. 기가 막힌 대답 막 나옵니다. 그림을 보고 주저리주저리 읽어 내는 능력, 즉, 그래프를 문장화하는 건데, 나름의 생각을 담아 재미있는 해석이 나옵니다. 그래프는 그래서 재미있습니다. 표를 그래프로 만들 줄 알고 잘 읽어 내야 이다음에 주식도 성공합니다.

라. 교사, 부모의 역할

교사의 역할이 지식 전달에 있다고 본다면 지식의 주인공은 학생이라기보다는 교사로 볼 수 있습니다. 교사는 학생들이 사고를 형성하도록 도와주는 안내자(guide) 혹은 학생들이 토론에서 배움을 끌어낼 수 있도록 하는 촉진자(facilitator)가 되어야 합니다. 교사의 역할은 지식 전달에 있는 것이 아니라 학생들의 지적, 정신적, 체력적인 모든 잠재력을 이끌어내어 그들이 자신만의 배움을 형성해 나가도록 조력한 것에 있습니다. 이를 통해 학습자 중심의 학습이 이루어질 수 있습니다. 교사는 학습 목표를 세우고 수업을 고민하고 실행하고 평가하는 전반적인 교수·학습 과정에서 학생이 지식의 주인이 되어 스스로 학습을 이루어 나가도록 도움을 주려는 마음가짐을 가지고 임할 필요가 있습니다.

- 『초등학교 교사용 지도서』 수학 2-1, p.p 57

교사를 엄마, 아빠 부모로 바꿔도 이 글은 성립합니다!

2) 연산 + - × ÷

연산 演算

식이 나타낸 일정한 규칙에 따라 계산함.

　사칙연산, 사칙계산, 가감승제라고도 합니다. 어느 말이나 덧셈, 뺄셈, 곱셈, 나눗셈을 이용하는 셈을 말합니다. 삶에서 '대박'을 터트리는 것까진 아니어도 무난하게 사는 방법이 있습니다. 너무 쉽고 흔해서 놓치거나 잊어 버리고 살지만 누구나 알고 있습니다. 단지 실천이 어려울 뿐입니다. 낄 때 끼고 빠질 때 빠지는 것, 노력해야 할 때 노력하고 쉴 때 쉬는 것. 더하고 덜하고만 잘해도 인생 술술 풀립니다. '수학 용어'로 덧셈, 뺄셈만 잘해도 괜찮게 삽니다. 그래서 연산은 기본이자 기초입니다. 문제 해결의 출발점이자 종착역입니다. 연산이 얼마나 중요한지,

'○○이 연산 능력 좋아요'
라는 말이 얼마나 큰 칭찬인지 아시겠지요?

연산 능력을 키우기 위해 비슷한 문제를 수없이 풉니다. 이런 방법의 학습 효과 있습니다. 풀고 풀다 보면 계산 원리를 득도까지는 아니어도 터득합니다. 좋은 약은 그만큼의 독도 있다나? 이 방법 잘 사용해야 합니다. 자칫 기계적 반복이 주는 폐해를 고스란히 안을 수 있기 때문입니다. 터득했으면 응용하는 것, 적당히, 넘치지 않을 만큼 반복해야 합니다. (과유불급) 싫증이 나면(대부분 충분하지 않은 상태에서 싫증을 내지만) 딱! 멈춰야 합니다. 다른 자료(학습 방법)를 만나야 합니다. 수학은 전략의 문제입니다.

가. 덧셈과 뺄셈 (+ plus 합, ‒ minus 차)

초등학교 입학하면 5월에 '덧셈과 뺄셈을 알고 계산을 해 볼까요?'를 배웁니다. 밭에 과일이 몇 개 있나요? 닭장에 수탉이 두 마리 암탉이 네 마리 있어요. 모두 몇 마리지요? 사이 좋게 세 마리씩 나눠 살게 할까요? 모으니 여섯 마리, 나누니 세 마리가 되었네요. 그러면서 이야기로 만들어 보고(스토리텔링), 식으로 만들어 보는 학습을 합니다.

저학년 시기 학생들은 수 개념 형성이 중요합니다. 숫자가 주는 양을 구체화할 수 있어야 합니다. 3이라는 수는 전체 양이 5일 때, 10일 때, 100일 때 차지하는 양이 다릅니다. 전체 양이 3일 때 3이 차지하는 양은 전부입니다. 4일 때는 대부분이고 5일 때는 많은 양을 차지하며, 전체가 6일 때는 절반만큼, 7일 때는 조금 적고, 8일 때는 더 적습니다. 즉, 전체에서 주어진 수만큼을 구체화하는 개념을 익혀야 합니다. (분수도 전체 양에서 차지하는 양을 이렇게 설명한다) 추상성을 구체화하는 과정입니다. 이 단계를 잘 거친 학생들은 단순 계산 너머 학습을 할 수 있습니다. 고정되어 있지 않은, 여러 가지 방법으로 풀어 보는 사고의 유연성 말입니다.

운동할 때 하나, 둘, 셋, 넷 구령 붙여 하면 왠지 쉽게 느껴집니다. 수도 그렇습니다. 가르고 모으는 개념이 쉽게 익혀지는 수가 있습니다. 10입니다. 10이 되기 위해서 얼마나 더 있어야 하지요? 10에서 3만큼 뺐습니다. 얼마 남았지요? 즉, 3에 얼마만큼 더해야 10이 되나요? 이 과정을 완벽하게 익히면(수 개념을 확립하면) 그 뒤는 쉽습니다. 10까지 가르기 모으기 쉽다고 대충 이해하고 다음 단계 넘어 가지 마세요. 지겹도록(?) 연습해야 합니다. 뇌는 몸이 하는 것을 기억합니다.

주변에 있는 물건으로 가르고 모아 보세요. 손가락 발가락 동원하여 아주 많이 세어 보세요. 그리고 문제 풀이를 하는 겁니다. (이 부분 정말 중

요하다)

'깊이 있는 학습을 추구한다는 것은 학습자가 교육 내용을 스스로 자신의 것으로 만들고 학습한 것을 새로운 상황에 적용할 수 있도록 소수의 핵심 내용을 심층적으로 학습하게 하는 것을 말합니다. 이는 특정 상황에서 학습한 것을 일반화된 형태로 전환하여 다른 상황에 사용할 수 있는 전이로까지 나아갈 수 있어야 한다는 것을 의미합니다.'

-『초등학교 1~2학년군 수학 교사용 지도서』 p.p 13

'4-1=3'을 바르게 읽은 것은 어느 것인가요?

'4 빼기 1은 3과 같습니다.'

'4와 1의 차는 3입니다.'

(정답: 둘 다 맞다)

나. 곱셈 구구를 외우는 비법

(교과서에서 사용하는 용어는 곱셈 구구이지만 '구구단'이라는 말이 친숙하게 사용되어 여기서는 구구단이라 한다)

2학기가 되면 2학년 교실 복도에 구구단 외우는 소리가 울려 퍼집니다. 구구단 송도 있고, 어떤 반(선생님)은 거꾸로 외우기도 합니다. 예전 방송에서 틀린 구구단 외는 프로그램이 있었습니다. '3×4=16, 5×2=8'이 게임 정말 어렵습니다.

구구단은 중국 원나라 시대 때부터 사용했는데 철저히 비밀에 부쳐 특권계층만 사용했답니다. 예나 지금이나 정보는 돈입니다. 다른 사람이 하나하나 세어 갈 때, 구구단을 아는 사람은 몇 묶음이 몇 개이니까 몇이지? 라고 쉽고 빠르게 계산한다는 것은 엄청난 정보입니다. 교과서에 곱셈 구구는 2단-5단-3단-6단-4단-8단-7단-9단-1단 순으로 나옵니다. 학생들 대부분은 곱셈 구구를 잘 외웁니다. 기계적으로 외워서 그렇지 술술 외워 댑니다. 하지만 원리를 조금만 알면 굳이 외우려 하지 않아도 외워지는 비법이 있습니다. 곱셈 구구 2단을 공책에 적어 보세요. 어떤 규칙을 발견했나요? 2의 두 배는 4, 3의 두 배는 6, 4의 두 배는 8, 5의 두 배는 10, 6의 두 배는 12, 7의 두 배는 14, 8의 두 배는 16, 9의 두 배는 18이 되는군요. 맞아요. 곱해주는 수의 두 배가 되는 규칙이 생깁니다. 나온 답이 모두 짝수라는 규칙도 찾았지요? 다음 장에 나오는 5단도 적어 보면 일정한 규칙이 나옵니다. 5에 홀수를 곱하면 홀수가 나오고 짝수를 곱하면 짝수가 되네요. 대뜸 외우라는 말이 아닙니다. 바둑돌도 좋고, 연필, 방울토마토 등 주변에 있는 물건으로 놀이를 해 보면서 규칙을 알아 가는 것입니다.

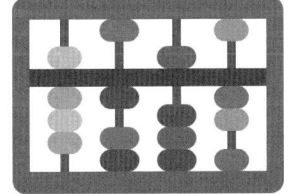

다음과 같은 4단계 전략을 구사해 보는 방법도 있습니다.

첫째, 하나씩 세기 전략입니다.

예를 들어 4×3의 경우 1, 2, 3, 4(검지), 5, 6, 7, 8(중지), 9, 10, 11, 12(약지) 4씩 세 묶음입니다. 손가락, 그림 등 구체물을 이용하여 세어 봅니다.

둘째, 수 세기 전략입니다.

덧셈에 기초해서 세어 보는 방법으로, 6×4의 경우, 6을 계속 더해 보기, 6을 두 개씩 묶어서 더해 보기 6, 6, 6, 6이라고 쓰고, 6, 12, 18, 24와 같이 세는 경우입니다. 물론 손가락을 이용하는 방법도 있습니다.

셋째, 곱셈에는 교환법칙, 분배법칙, 결합법칙이 들어 있습니다.

6×8과 8×6의 답은 같습니다. 교환법칙입니다. 8×8은 8×5와 8×3을 더하면 됩니다. 8×8=8×(5+3)=8×5+8×3. 분배법칙입니다. 8×6은 8×5를 해서 40에 8을 더하면 되고, 8×8은 8×9=72에서 8을 빼면 됩니다. 8×6은 8×3의 두 배이고(두 배 전략), 8×3은 8×6의 반입니다.(이등분 전략)

넷째, 형식화 수준 전략입니다.

5단은 0, 5의 반복이고, 9단은 10의 자리는 1씩 올라가고, 1의 자리는 1씩 작아집니다. 이 단계에서는 그동안 배운 다양한 전략을 구사해 보세요.

다. 나눗셈 (÷, 나누어지는 수, 나누는 수, 몫)

나누기를 잘해야 합니다. 나누는 것은 공정과 협력의 가치입니다. 푹 빠져 본 드라마, 두 번 더 본 드라마 〈나의 아저씨〉에 이런 대사가 나옵니다.

'응원해 주는 사람이 있다는 것만으로도 숨이 쉬어져.'

우리 사회가 따뜻한 이유는 나눔이 있기 때문입니다. 나눠줄 수 있는 마음이 있고, 나눌 수 있는 용기와 실천이 가능한 것은 나눗셈을 잘 한다는 것입니다.

초등학교 3학년 수학에 다음과 같은 문제가 나옵니다.

'물고기 열네 마리를 어항 한 개에 두 마리씩 담으려고 합니다. 어항이 몇 개 필요한지 구해 봅시다.'

① 같은 양이 몇 번 들어 있는지 알아보기

즉, 금붕어를 두 마리씩 어항에 담을 때 필요한 어항의 개수 14÷2=7

② 똑같이 나누어 한 부분이 차지하는 크기 알아보기

즉, 어항 하나에 들어가는 금붕어 수 14÷7=2

나눗셈을 배우는 이유가 단순히 계산을 잘하기 위해서만은 아닙니다. 주장이나 판단이 이치에 맞도록 추론하고 이해하는 능력을 논리라고 하며, 나눗셈의 계산 원리는 합리적인 논리적 사고를 갖게 합니다. 또 다른 수학 개념과 연결되고 이해하는 데 필수적인 요소가 나눗셈입니다.

하나 더, 덧셈의 검산은 뺄셈으로 하고 뺄셈 검산은 덧셈으로 하는 것처럼, 곱셈 검산은 나눗셈으로, 나눗셈 검산은 곱셈으로 합니다.

Ⅲ. 수학 잘하는 학생이 공부 잘한다

"수학 공부는 나일강 강물처럼
미세한 것에서 시작하여 엄청난 것으로 끝난다."

- 콜턴

1.

도구교과로서 수학

　몇 사람이 깊은 계곡을 여행하고 있었다. 그런데 그들은 계곡의 아름다운 경치에 정신을 빼앗겨 그만 길을 잃고 말았다. 그래서 그들은 어떻게 길을 찾을 것인가를 놓고 의논하고 있었다. 그때 일행 중 한 사람이 말했다.

　"이곳은 계곡이니 소리를 지르면 메아리쳐서 멀리까지 들릴 것입니다. 그러면 누군가 그 소리를 듣고 우리를 도와줄 것입니다."

　그래서 동시에 소리 질렀다.

"도와주세요. 길을 잃었습니다."

약 30분이 지나자 그 사람의 말대로 멀리서 누군가의 목소리가 들려왔다.

"여보세요. 당신들은 길을 잃었습니다."

　그러고는 아무런 대답이 없었다. 그러자 길을 잃은 사람 중 한 사람이 말했다.

"저 사람은 분명히 수학자입니다."

다른 사람이 어떻게 그가 수학자인지 알 수 있느냐고 묻자, 그는

"그것은 3가지 이유 때문입니다.

첫째, 그는 우리가 질문한 것을 한참 동안 생각한 후에 대답했습니다.
둘째, 그의 대답은 맞습니다.
셋째, 그의 대답은 지금 우리에게 전혀 필요 없는 답입니다."

− 「웃기는 수학이지 뭐야」, 이광연, 경문사. p.p 65~66

수학을 의미하는 mathematics는 '아는 모든 것', '배우는 모든 것', '학습하다'라는 뜻의 고대 그리스어에서 유래했습니다. 수학은 대표적인 도구교과입니다. 다른 교과 학습에 도구적인 역할을 하기 때문입니다. 특히 초등학교에서 도구교과인 수학이 중요한 이유가 이 과목의 학습력 여하에 따라 다른 과목에 영향을 미치기 때문입니다. 즉, 수학을 잘하는 학생은 다른 과목도 잘하게 되어 있습니다. 물론 학년이 올라갈수록 도구적인 역할 외에 과목 본연의 비중도 높아집니다. 수학은 개념학습입니다. 여러 가지 도형에서 삼각형, 사각형 등 같은 모양으로 분류합니다. 분류한 도형을 맞변이 평행이고 길이가 같은 사각형 등 일정한 규칙으로 나눕니다. 네 변이 있고, 맞변이 평행이고 길이가 같은 도형이 평행사변형임을 압니다. 수학을 어려워하는 학생들, 기초가 다녀지지 않은 학생들은 개념 형성을 하

기 전에 공식 먼저 외웁니다. 암기한 공식으로 문제를 해결할 수 있습니다. 기계적인 계산일 때는 가능합니다. 그러나 수학은 사고력을 요구합니다. 열심히 암기한 공식, 사고력 없이는 적용하기 어렵습니다. 즉, 단계적으로 익힌 지식이어야 합니다. 한 자릿수+한 자릿수의 계산 원리를 알지 못하면서 두 자릿수, 세 자릿수 계산을 하기 어렵습니다. 수학은 논리적인 문제해결력을 바탕으로 문제를 해결해야 하는 교과입니다. 논리적 문제해결력은 창의적인 사고력이 없으면 안 됩니다. 단원을 마무리하며 여러 가지 방법으로 해결하는 시간을 갖는 것은 알고 있는 방법 외 다른 방법을 찾아 보자는 것입니다. 실생활에서 찾아보기, 다른 과목과 융합하여 해결하기 등 다양한 방법을 찾아 보기 위해서입니다.

가. '그는 우리가 질문한 것을 한참 동안 생각한 후에 대답합니다.'

수학은 즉문즉설이 안 됩니다. 합리적인 근거를 바탕으로 결론을 도출해야 하므로 생각을 많이 하고(관련 공식 동원) 근거를 찾아가는 시간(계산)이 있어야 합니다. 예전 중고등학교 때 수학 선생님이 분필 멋지게 잡고 칠판 좌상우하로 써 가며(침도 튀기면서) 미적분을 풀어주던 기억이 있습니다. 한두 줄의 문제를 칠판 가득 풀어서 한 줄도 안 되는 답을 만들어 내는 과정을 다른 말로 논리적 사고라고 합니다. 수학은 그 과정을 거치기에(내면화) 한참 생각해야 답이 나옵니다. 한참 생각한 후에 대답한 그는 수학자 맞습니다.

7÷4의 몫을 분수로 나타낸 다음, 소수로 나타내어 보세요.

① $7 \div 4 = \dfrac{7}{4} = \dfrac{7 \times 25}{4 \times 25} = \dfrac{175}{100} = 1.75$

② $700 \div 4 = 175$다. 7은 700의 $\dfrac{1}{100}$배이므로 7÷4의 몫은 175의 배인 1.75다.

③ 세로로 계산한다.

7÷4. 이 간단한 계산도 칠판 반쪽을 차지하며 풀었습니다.

나. '그의 대답은 맞습니다.'

수학을 좋아하는 학생들에게 이유를 물어보면 많은 학생이, '수학은 답이 정해져 있어서, 답이 하나여서' 좋다고 합니다. 이는 수학이 가진 매력입니다. 2+3=5. 명확합니다. (이 문제를 인문학적으로 이야기하면, 이를테면-빗방울 두 방울과 세 방울이 더해지면 같은-상황이 달라지며, 깊이 들어가면 조금 더 다른 정리를 할 수 있지만 여기에서는 여기까지만 한다) 이 계산을 하기 위해서 문제를 이해하고 분석해야 합니다. 이 식은 자연수의 계산입니다. 자연수 2와 자연수 3은 자연수 5가 되어야 합니다. 5에서 3을 빼면 2가 되고, 5에서 2를 빼면 3이 됩니다. 검증 완료! 수학은 학습에 필요한 이해 분석, 검증을 하게 합니다. 훌륭한 도구교과입니다.

다. '그의 대답은 지금 우리에게 전혀 필요 없는 답입니다.'

살아가면서 필요하기 때문에, 실생활에 사용하기 위해 수학을 배운다면 많은 학생이 수긍하지 않습니다. 물건 사는 데 더하고 빼면 되지 분수와 소수까지 번지는 일은 거의 없습니다. 초등학교 2학년까지만 배워도 생활하는데 문제없습니다. (네 자릿수, 미터, 센티미터, 시간 다 배운다) 수학은 지금 당장 눈에 보이는 결과를 만들어 주지 않습니다. 대신, 보이지 않는 이득이 큽니다. 수학은 '여러 가지 방법으로' 문제를 해결합니다. 창의성입니다. 복잡다단한 문제를 숫자와 기호라는 간단한 형태로 구조화합니다. 사고 능력을 향상합니다. 논리적 사고력. 이해와 분석. 지식의 구조화. 창의성 모두 수학이 갖고 있는 요소입니다. 수학 잘하는 학생이 공부 잘합니다.

2.

수학을 이야기하는 이유

    수학 교과서, 수학 익힘책을 펼쳐보면 이야기가 많습니다. 특히 단원 도입 부분은 에피소드, 게임, 이야기로 시작합니다.

    '2022 개정 교육과정에 따라 수학 교과서 내의 과제들을 학생들의 흥미와 동기를 유발할 수 있는 스토리 전개로 이루어져 있다. 학생들이 자신의 일상생활과 관련이 있거나 관심을 가질 만한 스토리를 읽고 들으면, 과제에 몰입하고 문제를 인식하기 쉬워진다. 이때 선생님은 스토리 내에서 학생들이 수학적이고 논리적인 해결 방안을 모색하도록 도와 줄 수 있을 것이다.'

-「수학 교사용 지도서」, 교육부, 2024, p.p 58

    선생님도 수학 학습에 이를 적용해 봤습니다. 효과가 좋았습니다. 어떤

글에 시인은 수학자가 될 확률이 높다고 합니다. 혹시 수학을 계산만을 생각하고 있지는 않은지, 공식 외우고 계산하고를 반복하고 있지는 않나요? 물론 수학에 계산은 필수적입니다. 계산 없는 수학은 있을 수 없습니다. 계산을 위해서 공식을 이해하고 암기합니다. 선생님이 강조하는 부분이 이해하는 부분입니다. 이해하기 위해서 동원하는 방법이 이야기입니다.

'수학 교과서에 나와 있는 과제들은 스토리 전개에 따라 다른 교과 영역과 융합되고 연장되기도 하여 한 스토리로 동시에 여러 교과를 가르칠 수 있는 장점도 있다. 수학과 과학, 수학과 사회, 수학과 미술 등 다른 과목과 융합하여 수업을 하면서 학생들은 왜 수학 공부를 하는지와 수학이 다른 영역에 어떻게 사용되는지를 인식하게 된다.'

―『수학 교사용 지도서』, 교육부, 2024, p.p 58

우리가 알고 있는 대부분의 수학자는(오늘날 시각으로) 여러 가지 직업을 가졌습니다. 피타고라스는 수학자이자 철학자, 의사이면서 천문학자였습니다. 가우스는 측지학자, 물리학자, 수학자, 천문학자였고, 오일러도 수학자, 물리학자, 천문학자, 논리학자, 공학자였습니다. 기하학의 창시자로 불리는 데카르트는 근대 철학자의 아버지로도 불립니다. 페르마는 변호사이면서 수학자였고, 파스칼은 작가, 신학자, 수학자 이루 헤아릴 수 없이 많은 직업을 가졌습니다.

선생님이 수업 시간에 동서양 고전부터 현대, 과목 경계 없이 수많은 이야기를 해 준 이유를 알겠지요?

'시인 기질을 갖추지 못한 수학자는 결코 완벽한 수학자가 못 된다는 것이 진실이다.'

— 칼 바이어슈트라스

3.

답하고 묻기

예전엔 아이 낳는 것을 도와주는 할머니가 있었습니다. 산파라고 불렀어요. 나이 지긋하신, 아들·딸 많이, 건강하게 낳은 할머니께서 역할을 하셨습니다. 엄마가 동생 낳을 준비를 하시면 그 할머니가 따뜻한 물이 담긴 대야를 들고 방으로 들어가셨어요. 그리고 얼마간의 시간이 흐르고 아기 울음소리가 들리고, 건넌방에서 초조히 담배 피우던 아버지가 나오시고, 산파 할머니가 아버지께 '튼실한 ○○'라고 말씀하시던 기억이 있습니다. 도시에 나오니 조산원이라는 간판이 보이더군요. 단박에 무슨 뜻인지 알았습니다. '아이 낳는 것을 도와주는 곳' 그렇다면, 그곳에도 산파 할머니가 계시겠다며 지나치곤 했답니다. 40년도 더 전의 이야기랍니다.

수학 시간에 무슨 산파 이야기냐고요? 선생님이 종종 '그래서?', '그다음에는?', '왜 그렇지?'라고 끈질기게 물어볼 때가 있지요? 알고 계시면서 물어보시네? 라는 표정이 역력한 여러분의 얼굴을 보며 묻다 보면 결론에 도달하곤 했던 아름다운 기억이 있을 것입니다. 산파 기술(?)을 사용한 겁니다.

아기는 엄마가 낳지요? 산파 할머니는 옆에서 도움을 주기만 합니다. 지식도 마찬가지예요. 여러분의 머릿속에 들어 있는 지식을 끄집어 내게 도와주는 역할을 한 것입니다. 산파법이라고 합니다. 소크라테스가 창안했다지요. 어느 날 테스 선생님의 질문에 학생이 자신만만하게 대답하더랍니다.

'아닌데? 맞아?'

다시 물어봐도 마찬가지예요.

'맞아요. (테스 형님, 아니) 선생님!'

'흠 그래? (넌 ㅇㅇ다)'

흥분하지 않고, 화내지 않고 물어보기 시작합니다.

'그래서?'

'그다음에는?'

'왜 그렇지?'

어느 순간 학생의 표정이 변하더래요.

'아~ 선생님. 알겠습니다!'

학생은 모르는 것이 아니었어요. 잘못 알고 있었던 것을 스스로 고칠 수 있게 만들었을 뿐입니다.

선생님이 귀찮을 정도로 '왜?(why)'를 반복하면 그럴만한 이유가 있어서 그렇습니다.

가끔은 자신에게 산파법을 적용해 보면 어떨까요?

그래서?

그래서 어떻다고?

혹시 알아요? 지금 나의 말과 행동은 바르게 나아가고 있는가에 대한 답을 찾을지….

에필로그

문일지십(聞一知十), 1가지를 듣고 10가지를 미루어 안다는 사자성어가 있습니다. 매우 총명하다는 뜻입니다. 하나를 가르치면 열을 안다고 말하기도 합니다. 이 말을 조금 바꿔 보겠습니다. '옮기다.', '변하다.', '바뀌다.'라는 뜻을 가진 전이라는 낱말이 있습니다. 학습에서 전이는, 지식을 새로운 상황에 적응하는 능력. 즉, 새로운 지식을 배운 상황에서 이미 알고 있는 지식을 이용하여 이해하는 것을 의미합니다.

음악은 잘하는데 다른 과목을 힘들어하거나, 체육 과목만 잘할 수 있습니다. (꼭 그런 것은 아닙니다) 수학은 잘하면서 다른 과목 못하는 경우는 거의 없습니다. (꼭 그런 것은 아니다) 수학 잘하는 학생은 다른 과목도 잘합니다. 수학은 전이성이 좋은 과목이기 때문입니다.

학교 끝나고 친구랑 떡볶이를 먹으러 갔습니다. 어묵도 먹고, 김밥까지 먹었습니다. 4,200원이 나왔습니다. 두 사람이 먹었으면 2,100원을, 셋이 갔다면 1,400원씩 내면 되겠지요? 수학 시간에 배운 덧셈과 뺄셈을 활용하여 계산합니다. 수학 시간에 배운 지식을 생활에 '전이'했습니다.

4,200÷2, 4,200÷3이라는 나눗셈 계산은 덧셈을 배웠기 때문에 가능합니다. 즉, 덧셈 지식이 나눗셈에 도움이 된 것입니다. 덧셈과 뺄셈을 모르는 상태에서 나눗셈과 곱셈을 하기 쉽지 않습니다. 또 하나, 전이가 잘 되기 위한 조건이 있습니다. 연결해 주는 학습입니다. 무슨 말이냐면 덧셈만 열심히 하고 뺄셈만 열심히 하는 것, 마찬가지로 나눗셈을 학습할 때는 나눗셈만 바라보고 오로지 나눗셈에 묻혀 사는 것, 곱셈도 그렇게 하는 것을 말합니다. 곱셈할 때 덧셈의 원리, 뺄셈할 때 알았던 원리를 적용해 보는 것입니다. 셈의 개념을 이해하라는 것입니다.

덧셈, 뺄셈, 나눗셈, 곱셈을 서로 연결하는 것입니다. 서로 이해하고 연결하게 하는 학습을 하는 것입니다. 어려운 말로 추상성이라 합니다. 눈에 보이지 않는 것을 구체화하는 능력입니다. 연결하는 학습을 할 때 어떤 점이 좋을까요? 지적 영역이 확장되고, 새로운 지식이 나왔을 때 유연한 사고 작용이 활성화됩니다. 초등학교 저학년은 매 단원이 새로운 상황입니다. 이때 필요한 요소가 문제를 분석하고 논리적으로 추론하는 능력입니다. 유연한 사고가 없다면 주어진 상황을 벗어나는 데 불안감을 느끼기에 연결 학습이 어렵습니다.

수학을 어려워하는 학생들을 볼 때마다 고민합니다. 한 발 떨어져 생각하면, 조금만 다른 각도로 보면 수학은 결코 어려운 과목이 아닌데, 어렵지 않다는 사실을 깨닫는 그 순간까지 가지 못하고 포기해 버리는 학생들을 볼 때마다 안타깝습니다. 특히 초등학교를 졸업하고 중학교, 고등학교로 갈수록 이런 일이 더 많이 생깁니다. 선생님을 거쳐 간 수많은 학생을 보면서, 수학이 어렵지 않다는 것을, 수학을 이기는 가장 쉽고도 빠른 길은, 단계를, 기초를 충실히 다지는 것임을 알게 되었습니다. 쉬운 방법을 찾는 것, 더 노력하는 것, 그래서 자신의 것으로 만드는 것. 그 방법을 알려주고 싶습니다.

"수학은 가장 쉬운 문제를 가장 어려운 방법으로 푸는 기술이다."

- 독일 수학자 데이비드 힐버트